從游擊革命的金日成到迷霧籠罩的金正恩

北韓

Democratic People's Republic of Korea

조선민주주의인민공화국

和田春樹—著 許乃云—譯

台灣版前言

我在一九九一年第一次訪問北韓，社會科學家協會的歷史學者等著與我討論。負責招待的黨史研究所所長姜錫崇對我說：「你的研究都有資料做根據，這點很好。」而那些等著跟我討論的人，也都是以資料為基礎進行討論。對於我的問題，回答都很直接，也會直接給我批評指教。只要是歷史學家，不管是哪國的人，都有相同的煩惱，帶有相同的氣質。在平壤飯店的會議室，我感受到這件事，然後不自覺地感到興奮。我們無法輕易理解北韓這個國家所走過的艱困道路，以及人們緊張的生活方式，但我相信同樣身為人類，能夠理解的部分也不少。我就是帶著這樣的心情寫了這本書。

在書接近完成的時候，金正日委員長去世了。身為日本人的我，過去十年間殷切期盼能夠實現日朝外交正常化，對於鄰國領袖的死，我抱持著悲痛的心情。我以二〇一二年四月在東京出版的《北韓：從游擊革命的金日成到迷霧籠罩的金正恩》（日本版書名為《北朝鮮現代史》），為強人領袖之死畫下句點。

距金正日之死已過了兩年多。繼任的金正恩於二〇一二年四月成為黨的第一書記及國防委員會第一委員長，幾乎繼承了父親金正日的所有職務。不久後發生的輔佐金正恩之人事更迭案也受到注目。李英鎬及金正角下台，改由非軍人出身的崔龍海擔任軍總政治局長，晉身為黨與軍隊的第二人。二〇一三年十二月，金正恩逮捕了時任黨政治局委員及國防委員會副委員長的姑丈張成澤，並將其處以死刑，罪名是「反黨反革命的宗派行為」。而崔龍海也辭去軍總政治局長一職，改由黃炳瑞擔任。經過一連串的事件，金正恩使自己的地位「名符其實」，確立了唯一的領導體制。而以黨政治局為中心的黨國體制早已開始運作。這位年輕的領導者將如何帶領混亂的北韓前進？北韓的未來仍處於不明朗的狀態。關於這個部分，我在中文版裡多加了一章〈進入金正恩時代〉加以說明。

本書是我首次在台灣出版的著作，旨在減緩東亞及東北亞的緊張關係，建立和平。若是本書能讓台灣的讀者對北韓有更理性的認識，將是我的榮幸。

最後，感謝聯經出版公司林載爵發行人的認同，決定出版本書，以及為本書促成翻譯的朱立熙老師及譯者許乃云小姐，在此由衷地獻上我最誠摯的感謝。

目錄

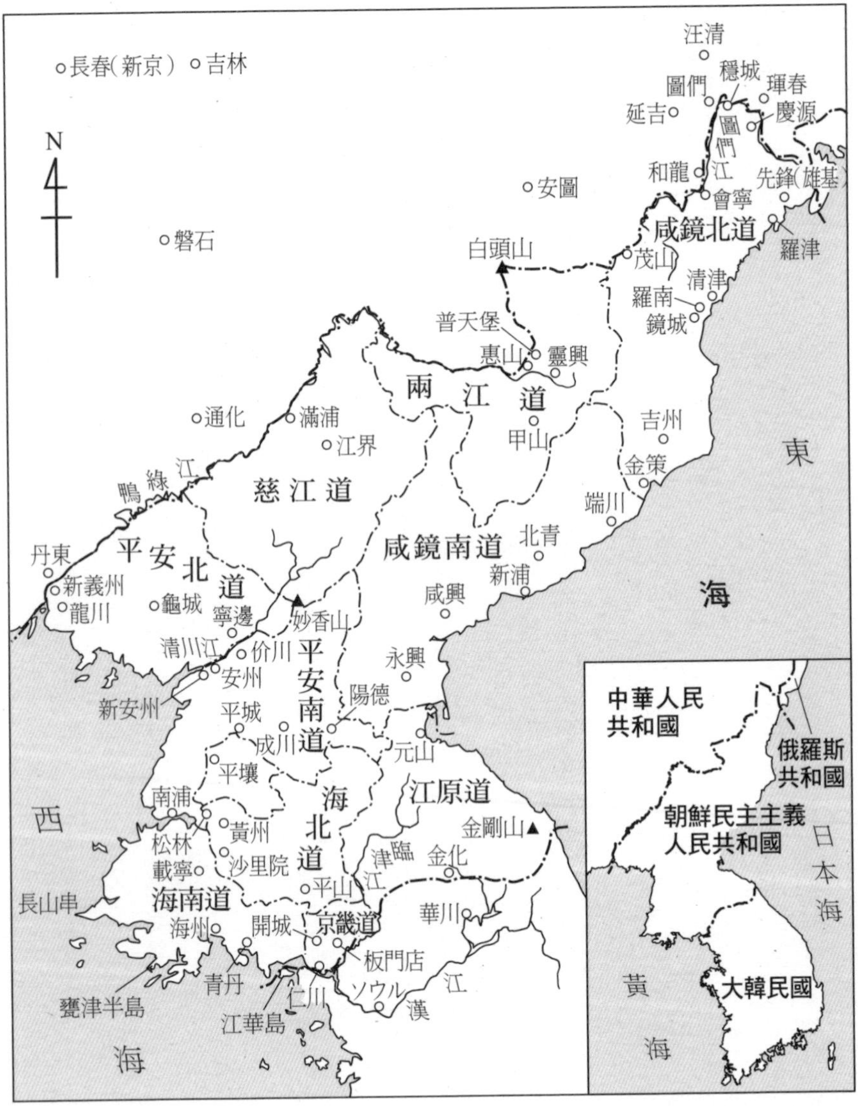

朝鮮民主主義人民共和國

序章

「北韓*一直以來被視為神祕之國。因此，人們很自然地就會想去了解其背後的真相。」

為了回應這些人想了解真實的北韓的心情（同時也是我自己的心情），我寫了《北韓——游擊隊國家的現在》這本書，已於一九九八年三月出版。出版時正是金日成死後第四年，金正日體制架構完成的時候。但是對於當時的新體制——即金日成死後體制的變化，我完全預測錯了。在書中我預期金正日會繼承「游擊隊國家」，但這樣的體制已經結束了。

幾個月後，我參加了一場在首爾召開的研討會，會中我針對先前的預測錯誤做說

*編註：原書分別以「北朝鮮」及「韓國」指稱「朝鮮民主主義人民共和國」及「大韓民國」，中譯本改為通稱的「北韓」及「南韓」，簡稱分別為「朝」、「韓」。另外，北韓自稱「朝鮮」，稱南韓為「南朝鮮」。

明，並更正先前的說法，認為金正日的新體制應為「正規軍國家」。但南韓的研究員則認為「游擊隊國家」會持續下去。而支持我的新看法的人，只有我從前的學生徐東晚一人。

剛出版的書就得修改，實在是件很丟臉的事情。但是又不得不修。這本書二〇〇二年在南韓出韓文版，我在後面附加說明，註明本書的副標題為「從游擊隊國家到正規軍國家」。

先不提個人的研究不足，但有了這次的經驗，讓我再次體認到要解讀北韓的現況是一件非常困難的事情。北韓是一個隱藏內部資訊相當成功的國家。外界無法獲得了解北韓現況的可靠內部資訊。即使是金正日去世，對北韓來說是歷史上的一大轉換期，仍無法改變北韓神祕的樣貌。

在十四年前*的書中我曾說過，要了解北韓的第一個方法，就是「從歷史來思考」。有內部資料的時期，靠的是歷史研究，沒有內部資料的現在，則必須靠推測來理解。從十四年前北韓的出版品中，可以看出蘇聯占領時期的一些線索。

我更提到，在思考現在的體制時，必須要採用第二個方法「模型分析」。為了理解北韓的體制，研究員採用各種模型來驗證是否相符，而且多半以布魯斯・康明思（Bruce Cumings）所提出的「社團國家論」（corporatism）為主，將重點放在比較日本天皇制「國體」以及北韓「主體」的相似性，或是鐸木昌之的「首領制」，強調社會主義與儒教傳統的「共鳴」為代表。而我所架構出的第三種模型，則是「游擊隊國家論」。採用模型就能夠驗證其有效性，若是有效的話，就能夠依照模型來推測資料的空白部分。腦中有模型的概念之後，最重要的是精讀朝鮮勞動黨黨報《勞動新聞》、期刊《勤勞者》，以及領袖的著作集。再跟蘇聯、東歐等國的社會主義體制做比較研究，將重點放在領導者、派閥及人事異動上，並活用內部的資訊。這個方法至今仍然有效，因此關於這部分則毋需補充說明。

而十四年來改變最多的，莫過於蘇聯、東歐社會主義體制瓦解，而北韓過去的歷史，也因蘇聯解體，得以入手可信度極高的內部資料，進而一窺全貌。從一九四五年的解放及蘇聯占領時期開始，到一九六一年確立北韓的基本體制，即國家社會主義體制之間的歷史，已經相當完整地呈現在世人的眼前。

而關於北韓史前史的滿洲抗日武裝鬥爭史，在我一九九二年的著作《金日成與滿洲抗日戰爭》中，已有基本的歷史架構。而這本著作的依據，則是改革開放後中國歷史學家的新研究，他們研究的是中國共產黨的文獻資料。這邊指的文獻資料，是由六十餘本

*編註：本書日文版出版於二〇一二年。

內部刊行的資料集，整理成對外公開的《東北地區革命歷史文件匯集》（一九八八—一九九一）。然而我於一九九二年出版那本書時，還未能利用這些資料。但是這些資料中，關於金日成最重要的記述，我也曾從中國歷史學家的筆記中得知，然後寫進我的書裡。北韓從一九九二年至一九九八年期間，出版了一套八冊的《金日成回憶錄 與世紀同行》。這套書從我的著作中引用了上述關於金日成最重要的記述，並改寫了北韓至今的歷史神話。我在本書關於滿洲抗日武裝的部分，新增加了韓國朋友方基中告訴我的，金日成父親的友人裴敏洙的回憶，至於其他的內容則未做修改。

關於一九四五年解放至一九四八年建國的這段時期的資料，在韓戰時期由美軍取得，於一九七〇年代於美國公開。這些資料被視為第一手資料，戰前的北韓基本出版品一應俱全。查爾斯·阿姆斯壯（Charles K. Armstrong）有系統地運用這些資料，出版了《北韓革命，一九四五—一九五〇》（二〇〇三）。但是到了蘇聯解體時期，南韓的年輕研究員，像是金聖甫、田鉉秀、奇光舒等人，有系統地調查位於莫斯科的蘇聯占領軍政時期的文獻資料，並接連發表了這些研究成果。田鉉秀於一九九七年發表了他在莫斯科大學的博士論文，而金聖甫則在二〇〇〇年於南韓出版了關於北韓土地改革研究的書籍。南韓研究員在俄羅斯檔案館所發現的最重要資料，則是朝鮮共產黨北韓分局的官方報紙《正路》全號。我如願地在莫斯科親眼看到這份報紙夢幻似的創刊號，這些資料也寫進了本書中。

關於韓戰時期，史達林（Joseph Stalin）、毛澤東跟金日成的書信往來等極機密文件，由俄羅斯在一九九四年交給南韓，一九九六年在美國冷戰史國際計劃（The Cold War International History Project）的努力下，這些資料得以作為研究使用。我將這些資料跟其他中國的資料一起分析，於二〇〇二年出版了《韓戰全史》一書。在這之後發現的重要資料，莫過於一九五二年史達林、金日成及朴憲永三人於莫斯科的問答記錄。

關於戰後復興及社會主義建設時期的資料，俄國學者蘭科夫（Andrei Nikolaevich Lankov）使用蘇聯外交部的文獻資料，於一九九五年率先發表了關於一九五六年反對派的論文。他之後仍持續研究，並於二〇〇九年出版《一九五六年八月——北韓的危機》一書。進入二十一世紀後，下斗米伸夫發現了一九五三至一九五七年蘇聯共產黨中央委員會外國共產黨聯絡部資料的公開微縮檔，也促使研究有了很大的進展。下斗米運用這些資料，於二〇〇六年出版了《莫斯科與金日成，一九四五—一九六一》。這本書有很多錯誤的地方，無法當作可信的引用材料，但是作為資料指南則是很有幫助。另外，南韓中央日報的**K Database**獲得五〇年代蘇聯外交部的文獻，並公開在網路上。只要將這兩邊的資料合在一起使用，就能夠完整閱讀到一九五五至一九五八年蘇聯大使的日誌。

關於一九四五至一九六一年這段期間，則以徐東晚所著的《北韓社會主義體制成立史》（二〇〇五）為最基本的研究。他以北韓的報章雜誌，以及勞動黨中央委員會發行的《決定集》（一九四五—一九五六）為基礎，有系統地寫出本書。

換句話說，到目前為止的北韓史，幾乎已被解讀完畢。但是進入六〇年代之後，蘇聯的大使館也不了解北韓的內部情勢。蘇聯、東歐、中國、越南、古巴的大使們會齊聚一堂交換意見，但是沒有任何一人擁有驚人的情報。關於這個時期以後的資料，就以平壤的舊東德大使館的資料最為重要。但並非擁有什麼特別的情報，而是這些文獻資料在德國統一之後，一併交由德國聯邦政府，經過全面性的整理後公開，對研究人員來說，是最方便利用的資料。德國學者謝弗（Bernd Schaefer）則利用這些資料，發表了三篇一九六六至一九七五年的論文。而我也在德國找到了關於六〇年代後半北韓自主體制誕生時期的相關資料。

一九七〇年代以後，可視為得不到內部資料的時期。這樣的情況下，只能倚賴逃亡者的證詞。於八〇年代初期逃亡的是朝鮮勞動黨當時的對外情報調查部副部長申敬完。他從一九六〇年代末期開始在中央委員會工作，而這個時期的情報很有價值。他的證詞由鄭昌鉉記錄下來，並寫入鄭昌鉉的書中。雖有好幾個版本，但最新版是《北韓的CEO金正日》（二〇〇七）。而一九九七年逃亡的黨書記黃長燁的證言是研究員們最感興趣的。他在南韓撰寫多本著作，但卻對重要的證言避而不談，就這樣離開人世，因此從他的書中得不到什麼情報。在他亡命之後我沒有機會見他一面，對此我覺得相當可惜，但他是否能隨心所欲地回答我的問題，我也抱持著疑問。

因此，我以一九六一年為止的內部資訊架構而成的歷史認識為基礎，建構模型，再根據官方資料進行驗證的工作，透過上述的過程來完成本書。文中記述偏重政治、外交，幾乎沒有描寫人民生活。與其說是因為資料或分量的限制，不如說是反映作者的研究程度。

在本書之前關於北韓歷史的敘述，在南韓有金學俊的《北韓五十年史——「金日成王朝」的夢想與實現》（一九九七）、金聖甫、奇光舒、李信澈合著的《從照片跟圖畫看北韓現代史》（二〇一〇）及金聖甫、李鐘奭等執筆的《北韓歷史》一、二冊（二〇一二）。在日本則有小此木政夫編著的《北韓手冊》（一九九七），以及平井久志的《北韓為何被孤立——金正日「先軍體制」邁向瓦解》（二〇一〇）。平井的書標題雖然下得很糟，但這本書及其另一本著作，都對從金正日時代到金正恩時代的過渡時期進行分析，仍相當值得參考。

本書在前面所提到的研究上又加了新的部分，希望能讓你對北韓有更深一層的認識。

第一章

金日成與滿洲抗日武裝鬥爭（一九三二—一九四五）

第88特別旅幹部，前排右二起為金日成、周保中及其妻王一知（1944年）。

北韓這個國家的全部，是「永遠的主席」、「偉大的首領」金日成。而他的滿洲抗日游擊戰爭，則是這個國家的神話。關於金日成的傳記及抗日游擊戰爭的內容，在正史中曾多次被改寫，並以此為基礎推展北韓的教育。但是金日成的晚年，隨著他的回憶錄《與世紀同行》的出版，為了讓神話內容符合史實，出版社做了些努力。但不管如何，要認識北韓歷史，就須從金日成參加滿洲抗日武裝鬥爭的歷史開始理解。

金日成的生長

朝鮮於一九一〇年被日本合併，成為日本的殖民地之一。金日成以殖民地之子的身分，於一九一二年四月十五日，誕生於平壤郊外的大同郡南里。他所成長的家已被保存下來，現在稱作萬景台。金日成的本名是金成柱。母親康盤石是隔壁村七谷的基督教會長老的女兒，父親金亨稷為農家之子，也信仰基督，就讀平壤市內的崇實中學。學校的同學、也是政治同志的裴敏洙，日後成為南韓長老教會的實力派，金亨稷曾經這樣形容他：「他非常熱中於國家的復興，只要一開口，就能夠讓人感受到他熱血的精神與熱情。」（Pai Minsoo, *Who Shall Enter the Kingdom of Heaven*, 1944）

金成柱的父親中學畢業後，一邊從事私塾的教師工作，並於一九一七年參與了民族主義團體——朝鮮國民會的成立。這個團體是由夏威夷國民會會員，以及崇實畢業的張日煥於平壤一同創立的，因此多數的參加者也都是崇實中學或大學畢業的基督教友。但是這個組織很短命。因為會員被捕，導致整個組織瓦解。金成柱的父親也被逮捕，出獄後則逃至滿洲。一家人追隨父親的腳步，移至滿洲生活。日後成柱少年遵從父親的想法，在一九二三至一九二五年間，回到母親的故鄉，並在祖父的教會學校學習。金日成在基督教文化中度過少年時期。

一九二六年六月，他十四歲時，父親去世。同年三月他進入民族主義學校的華成義塾就讀，但父親死前就輟學了。華成義塾的時代，出現了「打倒帝國主義同盟」設立的神話。內容是年輕的領袖讓年長的青年心服口服的故事，而這也被金日成用在日後指定金正日為繼承人之上。

吉林時代的金日成

金成柱於一九二七年前往東滿的大都市吉林，進入毓文中學就讀。這間學校是為中國人所設的名校，並不是為了間島地區（以吉林為主的滿洲地區）的朝鮮人所設的。就讀吉林的中國人的中學，對他在中國共產黨的世界進行活動幫助極大。

一九二九年，這間中學來了一位叫作尚鉞的老師。他是文學家魯迅的弟子，也是馬克思主義青年文學家。他將列寧的《帝國主義論》教給金成柱等人。同年，金成柱參加了各種組織。他先加入了朝鮮共產青年會，但是這個組織被舉發，他也被逮捕入獄。出獄後，他轉到伊通、懷德縣這類的農村地帶，並與同樣共產主義理念的年長青年來往。日後，金日成則參與了李鍾洛創立的朝鮮革命軍。北韓提到金日成最早參與的組織「打倒帝國主義同盟」，正是李鍾洛所創立的組織別名。

李鍾洛與金成柱的緣分，可以說是從華成義塾時期就開始了。不僅如此，與金成柱結緣的青年，都是出身民族主義團體，並與朝鮮共產黨中立志朝鮮革命的派系——首爾．上海派親近。這就是金日成最初政治活動的情況。

當時民族主義者的國民政府及朝鮮共產黨馬列（ＭＬ）派正面衝突，也因為內鬥導致多人被殺。一九二八年第三國際發布的朝鮮共產黨分派解散方針逐漸發酵，一九三〇年滿洲的朝鮮共產黨各派，像是馬列派及火曜派也都解散，成員們相繼加入了中國共產黨。但與金正日相關的首爾派及上海派，則是到最後才加入中國共產黨。

一九三一年李鍾洛被捕，他的部隊也解散了。金成柱逃過被捕的命運，轉而回到母親所在的東滿地方，並加入了中國共產黨。而他改名為金日成，也差不多是在一九三一年這時。

滿洲抗日武裝鬥爭的開始

一九三一年九月，日本開始侵略滿洲，而東北軍的將軍率先領導救國軍抗戰。中國共產黨的滿洲組織，因熱中於與國民黨的鬥爭，在抵抗日本侵略上晚了一步。但是想好好地與日本戰鬥的黨員們，皆參加了救國軍，並在軍隊中占有重要的地位。在朝鮮人黨員較多的南滿盤石地方及東滿間島一帶，領先其他地區，成立了全是共產黨的武裝組織。

一九三二年春天，金日成於安圖組織了朝鮮人武裝隊，隸屬於救國軍于司令部隊的「別動隊」。這是金日成最早的部隊。北韓將這個軍隊的創始日四月二十五日，定為朝鮮人民軍的創軍紀念日。金日成帶領這支軍隊，拜訪了通化的朝鮮革命軍司令梁世鳳，尋求與民族主義軍隊合作的機會，但是被拒絕了。一九三三年二月，金日成前往汪清縣的游擊根據地馬村，整批部隊與汪清游擊隊合流，成為汪清游擊大隊，他則擔任政治委員。共產黨組織很重視文書，政治委員必須提交文書報告給長官，而金日成在中國人中學的學歷，成為他最好的證明。

東滿的游擊隊除了汪清之外，還有延吉、和龍、琿春等地的部隊。隊員多半是朝鮮人，這也跟游擊戰初期發生的悲劇有關。所謂的悲劇，指的是一九三三年五月開始的反民生團鬥爭。朝鮮人的黨幹部及部隊幹部被視為日本的謀略團體民生團成員，相繼被抓及處刑。日後金日成於蘇聯所寫的〈抗聯第一路軍略史〉內容如下：

首先對敵人反革命作用過分估計，稍有言語上錯辭或行動上不正，即判定或疑為民生團（中略）。同時收集材料方法，幾乎完全依據施行各種極嚴厲的拷打刑法中所得的口供為憑。當時的實際情形無論是誰，被拷問者，明不是民生團也不得不承認，結果槍斃了五百餘名民生團中，我們真正好同志，被害者實屬不少。（《東北抗日聯軍史料》下，一九八七，頁六七五）

汪清大隊的隊長被捕，金日成的政治委員身分也被解任。金日成跟汪清部隊一同逃往北滿寧安。一九三五年回到汪清之後，汪清部隊被編入東北人民革命軍第二軍第一獨立師第三團，而金日成也恢復了政治委員的身分。

此時中國共產黨的資料中，出現了金日成的名字，內容是關於對東滿軍事幹部的評價。這份資料是東滿黨的指導者魏拯民為了參加第三國際第七次大會，化名馮康，於一九三五年十二月二十日向第三國際中共黨代表部所提交的報告書。

金日成，高麗人，一九三一年入黨。學生，二十三歲。勇敢積極。會說中國話。游擊隊員提升的。有民生團的口供很多次。愛在隊員中說話，在隊員中有信仰，在救國軍中也有信仰。政治問題知道的不多。（《東北地區革命歷史文件匯集》乙一，頁一八〇）

從這個資料可以得知，金日成身為具有個人特質且有力量的幹部，受到黨的注目。這篇文章是從延邊的歷史學家那裡取得，我在一九九二年出版的書《金日成與滿洲抗日戰爭》中第一次介紹。我將原文的「在隊員中有信仰」譯為「受隊員信任及尊敬」。日後金日成的回憶錄《與世紀同行》第四卷（一九九三）也引用了這段內容。其中關於「在隊員中有信仰」這個部分，跟我翻譯的內容一致，「在隊員之中受到信賴及尊敬」（平壤日文版，頁二三四），「頗受隊員們信任和尊敬」（平壤中文版，頁二一三）。

祖國光復會與普天堡戰役

一九三六年，回到滿洲的魏拯民，在三月的迷魂陣會議*上，傳達了第三國際中共

*編註：東北人民革命軍第二軍於一九三六年三月上旬，在吉林安圖縣的迷魂陣舉行幹部會議。

代表部的新路線。內容是反省過去一直對朝鮮民族主義有所警戒，並將朝鮮人反日大眾團體及朝鮮人武裝部隊與中國人做區分。但是金日成反對這樣的方針，他不同意將朝鮮人部隊與中國人部隊分開。將來或許會單獨建立朝鮮人民革命軍，但現在的條件仍不足，若是強行分割軍隊，則會削弱抗日武裝的力量（《與世紀同行》第四卷）。

金日成之所以會這樣主張，是因為才剛發生成員被質疑為民生團的人，導致多數的朝鮮人成員被殺的事件。若不消除中國人及朝鮮人之間的不信任，反而強行將武裝部隊一分為二的話，很可能會造成武裝部隊內部的衝突。因民生團事件所苦的朝鮮人金日成反對分割軍隊，主張中國人與朝鮮人應同心協力，從這點可以看出他的政治成熟度。事實上，會議的結論並無法實現新的方針，而是成立了東北抗日聯軍第二軍，金日成則被任命為新設的第三師師長。

另一方面，將反日團體依照民族別重新組織的提案，也在迷魂陣會議上獲得同意。「在滿韓人祖國光復會」這個組織的成立，據說是第二師政治主任、同為朝鮮人的吳成崙的貢獻。吳成崙出身民族主義團體「義烈團」，為共產主義者，至莫斯科學成歸國後，加入廣州公社。他也是《阿里郎之歌》主角金山的好友。「光復祖國」是義烈團的口號。這個組織於六月的河里會議上獲得正式認可。第一軍與第二軍合併，並創立了第一路軍，金日成的部隊則為第六師。

具體從事祖國光復會組織創設的是金日成的第六師，他以長白縣為據點，此處的長白山即白頭山。他與朝鮮甲山郡內的共產主義者朴達、朴金喆聯繫，並在當地創設了組織。在這樣的背景下發動的戰爭，即一九三七年六月四日的普天堡攻擊。普天堡擁有三百零八戶人家，只有五名警官常駐在此，是個山中的小村落。但是隔壁的惠山鎮則擁有一萬三千人口，要攻擊普天堡一定要經過此地，消息也會馬上傳遍全國，這意味著此地是最佳的攻擊地。金日成的部隊焚燒地方公所之後即撤退，五位警官全部逃走，沒有任何一人死亡。而警官背著的孩子則被流彈打死，或是被日本人的餐廳老闆殺死。金日成的部隊與追擊部隊交戰，並成功撤退。這件事讓他的名字響徹全國，並大大提升了朝鮮人的反日氣勢。前年的柏林奧運，《東亞日報》報導孫基禎獲得馬拉松金牌時，將他胸前的日章旗消除，因而遭到停刊的處分。停刊處分要被解除時剛好發生了普天堡事件，於是《東亞日報》就以大篇幅做報導。「金日成一派的匪賊」成為朝鮮英雄。

金日成對普天堡作戰的成功感到歡喜，並認為七月開始的中日戰爭是朝鮮獨立的好時機，因而興奮不已。他與朴金喆會面，並引用第三國際大會上岡野（野坂參三）的演說內容，讓朴金喆知道日本內部的反戰聲浪高漲，他以這場戰爭中國軍一定會贏為前提，對朝鮮共產黨組織及祖國光復會組織下了合併的指令。接受這個指令開始組織活動不久，十月初長白縣及甲山郡就遭到檢舉，出現了大陣仗的鎮壓。截至隔年九月為止，

(二) 昭和十二年六月六日 (日曜日)

機關銃가진二百餘名越境
普天堡市街를襲擊衝火
駐在所、郵便所、普校、面所에放火
電線切斷、詳細한被害未判

【警務局着電】五일오전十一시 경무국에들어온 정보에 의하면 작四일 오후十一시경에 함남갑산군(甲山郡)보천보(普天堡)에 김일성(金日成)일파의 비적二百여명이 경기관총(輕機關銃)四정을 가지고 주재소(駐在所) 우편소(郵便所) 보통학교(普校)등을 습격하엿는데 동지주재소에서는 즉시응전하엿으나 전화선(電話線)단절로 상세한 피해상황은 아직알수없고 손해는 만흔모양이다. 쌍방의 사상도 아직알수없으며 한명의 부상자가 잇다할뿐이고 이급보를받은 혜산진 경찰서(惠山署)에서는 대산(大山)경부보이하 三十六명의 경관이출동하야 방금추격중이라한다.

民家數戶에도放火
即死一名、負傷二名

金日成一派로判明
咸南警察出動

多獅島近海에
海賊黨出現

水銀柱·九十度

《東亞日報》報導普天堡攻擊（1937年6月6日）

有七百三十九名成員遭到逮捕，一百八十八名遭到起訴。一九四一年宣判，朴達、李悌淳等六名被判死刑，朴金喆等四名則被判無期徒刑。

東北抗日聯軍的危機

一九三八年起，日本對游擊隊的鎮壓作戰變得相當有組織。一方面實行「集團部落」戰略，將農民們遷移至村落，並與游擊軍隊做切割；另一方面則是不殺投降者，並活用這些投降者來逮捕游擊隊。後者最成功的例子，就是東北抗日聯軍第一師師長程斌（中國人）的歸順。身為第一路軍總司令楊靖宇的左右手，他的背叛對整個第一路軍的命運來說，具有決定性的意義。第一路軍則分別被編為防衛上的三個方面軍，而金日成的第六師則改編為第二方面軍。

不久後，金日成的第二方面軍被分散，不得不進行「苦難的行軍」。從一九三八年十一月開始至隔年三月為止的一百多天，直到抵達中朝邊境為止，他們在雪中行軍，還要躲避日本軍的追蹤。有不少年輕隊員參與這次「苦難的行軍」。金日成的警護隊中有不少年輕隊員，據說這些人跟金日成的關係相當緊密，彼此分享為數不多的糧食。此時的警護隊員及少年隊員有十多歲的李乙雪、李斗益、金鐵萬、全文燮、金益鉉、趙明善、吳在元、李宗山、李五松等人。他們皆是最後的滿洲派人士。

當時加入金日成軍隊的女間諜曾這麼說，「第二方面的士氣旺盛，且有團結力，軍隊指揮的金日成具有強烈的民族共產主義思想，是身強體壯又擁有統御能力之人」（《現代史資料》三十）。她說金日成的思想以「強烈的民族共產主義思想」最為重要，再加上其肉體的力量，是其成功的原因之一。在滿洲這種嚴峻的氣候下從事游擊活動的指揮官，強烈的信念加上年輕及強韌的身體是必備的。

從一九三九年十月起，關東軍開始進行名為「東南部治安肅清工作」的掃蕩作戰。這是在冬季的下雪天裡，派出飛機搜尋游擊隊，並將他們逼到牆角的作戰方式。目標是楊靖宇及金日成等五人，分別懸賞一萬元日幣。作戰開始三個月，一九四〇年一月，楊靖宇被追殺斷頭，首級則懸掛在市中心示眾。

前田部隊全滅

在這樣困難的狀況下，金日成的部隊在當時的武裝鬥爭中，拿出了最輝煌的戰果。一九四〇年三月二十五日，殲滅了日本討伐部隊的前田中隊。前田武市來自朝鮮，擔任警察署署長，並參與討伐金日成。他的口頭禪是「金日成的首級將由我拿下」。金日成的部隊襲擊了位在和龍縣紅旗河的日本人木材所，並搶奪稻米。前田得知這個消息後，馬上率領警察部隊出動。金日成的部隊拚命逃離。他們無法停下腳步，也無法煮飯，只能吃生米飲雪，拚命趕路。知道已經到了極限，金日成不得不決定埋伏攻擊。等前田部隊一抵達，他們就一口氣射殺，幾乎殲滅了整個前田部隊。前田部隊總共約有一百四十人，隊長以下的一百二十人皆戰死。但更嚴重的是，前田部隊的隊員幾乎都是朝鮮人。根據生還者所述，金日成部隊曾大聲呼喊說：「將槍丟掉舉起雙手，只要服從就不會死」，但是前田部隊無人投降。一年後，日本政府在前田部隊全滅的地點設立了顯忠碑，碑文中寫道：「一鮮系隊員得知人生即將畫下句點，口中高喊天皇陛下萬歲，從容赴死」（《警友》康德八年〔一九四一年〕五月號）。朝鮮人警官在最後一瞬間高喊「天皇陛下萬歲」，不僅是金日成的部隊，連金日成本身也聽到了這個聲音。金日成當場感受到天皇制的力量深入人心，便更加深了他對日本的憎恨之意。

顯忠碑的碑文最後這樣寫道：「即使匪徒殘留在山野裡，我們也要一舉割斷他們的頸，用他們的血洗墓。生還的我們發誓要為喪命的同胞復仇」。拿下金日成的首級供奉在墓前，不僅是日本警官、軍人的個人目標，更是日本整個國家的目標。至此，金日成與日本對立，並相互憎恨。

殲滅整個前田部隊，確實是「苦難的行軍」之後最大的勝利。但這只算是「鼠反噬貓」式的勝利，根本無法挽回兵敗如山倒的頹勢，整個一路軍呈現解體狀態。一路軍的最高指揮官魏拯民因為心臟病發，無法指揮密營。他在一九四〇年七月寄了一份書簡給莫斯科中央，內容報告了他的新方針。他將受傷及年長者送往蘇聯，剩下的隊員則分成小部隊進行糧食工作。這個指令傳達到各個部隊，而接受到這個方針的金日成則決定領軍進入蘇聯。他的決定及行為並未獲得黨部高層的許可，也非黨的組織化行動，但是實際看來，他的決定及行為都是合理的。

越境入蘇

金日成的部隊分成數小隊，自一九四〇年十月越境入蘇。於十月二十三日從琿春入蘇的金日成，還有朝鮮人隊員全文燮、姜謂龍、崔仁德、李斗益及金貞淑等人同行。入蘇前夕，金日成宣布將與金貞淑結婚。但是沒有接受黨的指令進入蘇聯的行為，害得金日成的部隊全員遭到蘇聯的逮捕及調查。

金日成部隊去了蘇聯之後，第一路軍也發生了不少事情。第三方面軍的總指揮陳翰章遭到射殺斷頭。第一路軍中元老級的朝鮮人吳成崙降服於日軍，而魏拯民在密營內動彈不得，不久後便辭世了。

至於在北邊活動的第二路軍及第三路軍，因為蘇聯軍要求召開東北抗日聯軍的代表會議，故其司令部於一九四〇年年底率先領軍進入蘇聯。第二路軍總司令周保中於十一月抵達伯力（其俄文名為哈巴羅夫斯克〔Khabarovsk〕），他得知了金日成等人的事情，於是向蘇聯提出要求，希望讓金日成等四人前來伯力。伯力會議於一九四一年一月底至二月召開。會議中決定在伯力近郊黑龍江畔的維亞特斯科耶（Vyatskoye）設立北野營（A野營），在烏蘇里斯克（Ussuriysk）設立南野營（V野營），負責收容抗日聯軍的戰士。而金日成的部隊則進入南野營。

之後抗日聯軍的小部隊皆從蘇聯派兵前往滿洲各地，主要從事情報搜集的工作。在新的條件下，燃起了鬥志。但是情況突然有了大轉變。一九四一年四月，日本與蘇聯簽訂了《日蘇中立條約》，要日本遵守條約，就必須減少在滿洲與日本發生衝突的可能性，因此蘇聯希望游擊隊中止在滿洲的活動。六月，希特勒侵略蘇聯後，滿洲又變得更加寧靜了。十二月，日本對美國宣戰後，蘇聯對遠東地區稍微感到放心，而游擊隊依舊無法離開蘇聯境內的野營地。

在這窘困的一九四二年時期，金日成的妻子金貞淑在烏蘇里斯克附近的南野營生下了一名男孩。這名男孩就是金正日。住在北京的前游擊隊員李在德說，金正日是在維亞特斯科耶出生的，但是一九四二年四月十八日的南野營名冊中有金貞淑的名字，由此看來，金正日的出生地並非維亞特斯科耶（《東北地區朝鮮人革命鬥爭資料匯編》，一九九二年，頁九六六）。金日成於一九四一年四月離開南野營前去偵查，直到七月初才返回。若是金貞淑是在之後才懷孕，那麼金正日就應該是在一九四二年三月才出生。但北韓宣稱金正日是於一九四二年二月十六日出生於白頭山附近的密營，並將此地視為聖地。

無論如何，雙親皆為抗日游擊隊員的金正日，抗日的鬥爭及復仇之歌就宛如他的搖籃曲，他在游擊隊中成長。

第八十八特別旅

日本在中途島海戰戰敗，蘇聯則準備對日開戰，於是決定訓練這群游擊隊。一九四二年八月，東北抗日聯軍部隊與蘇聯籍的赫哲族人部隊，一同被編制為蘇聯紅軍第八十八特別狙擊旅，軍隊則集結在維亞特斯科耶的北野營。

司令部的組織如下：旅長周保中，政治副旅長張壽籛，另一位副旅長兼參謀長為蘇聯人的少校，副參謀長則是崔庸健。下面設四個教導營（大隊），以第一路軍為基礎編制而成的第一教導營，營長為金日成，政治副營長則是安吉。形式上是抗日聯軍被蘇聯紅軍所吸收，日後須穿著蘇聯軍的軍服，並導入蘇聯軍的階級制度。而崔庸健、金日成、安吉及金策等人皆為上尉。

第八十八旅設有蘇聯共產黨委員會，抗日聯軍部分則一併設有中國共產黨機關。獨立步兵旅中共東北黨組織特別支部局獲選，在委員的互選之下，選出崔庸健為書記，金日成為副書記。軍隊高幹為中國人，而黨高幹則為朝鮮人。在朝鮮人中則以崔庸健為首，金日成則位居第二。

到了一九四四年一月，金策從北滿撤退。金策於一九〇三年生於咸鏡北道，之後進入間島的朝鮮人中學就讀。一九二七年因朝鮮共產黨火曜派黨員身分被捕。兩年後獲釋回到滿洲，於一九三〇年加入中國共產黨。抗日戰爭時，他擔任北滿臨時省委書記，成為抗日聯軍第三路軍的黨負責人。另一位元老級中共黨員崔庸健，則是在一九〇〇年生於平安北道，之後在定州一所名為五山學校的基督教學校就讀。他在三・一運動*時前往中國，進入雲南講武學堂就讀。一九二六年加入中國共產黨，參加了廣州公社。戰敗後被派至滿洲，而後加入朝鮮共產黨火曜派，並致力讓火曜派加入中國共產黨。在抗日戰爭中，擔任第七軍參謀長及抗日聯軍第二路軍參謀長。他與第二路軍總司令周保中同為雲南講武學堂的同學。

*編註：一九一九年三月一日首爾爆發大規模抗日活動，並引發全國各地的獨立抗爭運動。

崔庸健、金策及金日成三人成為第八十八特別旅的朝鮮人領導高層。崔庸健及金策皆長金日成十歲，鬥爭歷練及黨的資歷也都較金日成資深。只是崔、金兩人一直以來皆在北滿活動，在朝鮮國內則是沒沒無聞，相較之下，在東南滿活動又攻進朝鮮的金日成，在朝鮮可是無人不知無人不曉，而且年輕的金日成很有能力，也很積極。在周保中於一九四一年提交給蘇聯軍的報告中曾這樣描述：「金日成是最出色的軍事幹部，也是中國共產黨高麗人同志中最優秀的分子」（《東北地區革命歷史文件匯集》甲六一）。日後在元山迎接金日成的鄭尚進曾對我說，三人之中就屬金日成最有能力。據我推測，金策及崔庸健運用金日成的知名度推舉金日成，而重建朝鮮黨的主導權則由滿洲游擊隊掌握。

朝鮮工作團的決定

時序進入一九四五年七月，蘇聯因對日開戰的需求，要求抗日聯軍提供情報工作員，因此部隊中有不少人離開前往蘇聯。周保中與崔庸健討論後，召開黨委員會全體會議，決定將抗日聯軍分成兩部分，一部分前往滿洲，另一部分前往朝鮮。因應軍隊一分為二，抗日聯軍的黨組織也一分為二。前往朝鮮的組織稱作朝鮮工作團，成員有金日成、崔庸健、金策、安吉、徐哲、朴德山（金一）、崔賢等人。團長為金日成，黨委書記則是崔庸健。朝鮮工作團是為了返回朝鮮成立朝鮮共產黨，截至目前為止，一直以中國共產黨朝鮮工作團進行活動。而這次除黨委書記之外，更另外選出團長，從這點可以看出，工作團具有軍事組織的意味。就是在這個時間點決定了以金日成為中心，在北韓進行各項工作。

蘇聯對日宣戰的同時，抗日聯軍也希望能夠加入戰鬥的行列一起對日抗戰，但是蘇聯卻不許他們參戰。當時史達林為了讓蘇聯在雅爾達會議中獲得的權益得到承認，與中華民國的代表宋子文進行交涉。八月十四日簽署的一連串協定中，也包含了進入滿洲的蘇聯軍將與國民黨政府的代表合作，創設中國的機構與軍隊之協定。如此一來，蘇聯軍就無法與中國共產黨軍並肩作戰了。

八月九日，蘇聯對日宣戰，攻擊了滿洲的關東軍。而朝鮮人隊員加入戰鬥的，只有那些以偵察要員身分分配至蘇聯軍的人員而已。北韓利用其中一人吳白龍的回憶，記載了朝鮮人民革命軍與蘇聯軍一同對日宣戰，陸續解放朝鮮各個都市。這份記載表現出北韓當時的期望，但卻非事實。

預定於朝鮮進行工作的第一大隊六十名成員的名冊保管於蘇聯國防部檔案館。名冊的高層有「金日成，上尉大隊長，一九三一年入黨，中等教育，目的地平壤（衛戍副司令）」。隊員中中等教育程度的有金日成、安吉、金策、徐哲、林春秋等五人，十四名為初等教育水準，剩下的四十一名幾乎沒上過學，可說是教育程度非常低的集團。這六十名正是滿洲派的中心人物。而姜信泰（姜健）、金光俠、金昌奉、崔明錫（崔光）等人，則選擇加入周保中及崔庸健的部隊前往滿洲。

謠傳金日成曾前往莫斯科與史達林會面（《中央日報》一九九一年十月四日）。金日成的回憶錄第八卷（一九九八年）曾寫道，他被叫至莫斯科與日丹諾夫（Andrei Aleksandrovich Zhdanov）會面。這並非不可能。史達林曾在義大利共產黨創建人陶里亞蒂（Palmiro Togliatti）及法國共產黨領導人多列士（Maurice Thorez）抵達蘇聯時接見他們，因為他認為這兩人可能成為國家領導人。因此，史達林想見見朝鮮共產主義者的中心人物金日成，也沒什麼好不可思議的。

歸國

金日成的軍團在九月五日，日本簽署投降文書的三天後離開伯力。他們搭乘火車到牡丹江，得知前往新義州的路不通時決定折返。金日成一行人回到烏蘇里斯克，從海參崴改搭蘇聯的軍艦，九月十九日於元山登陸。前來迎接他們的，除了蘇聯籍朝鮮人的情報要員，還有元山的人民委員會副委員長韓一武及教育副部長鄭尚進等人。我曾在阿拉木圖（Almaty，哈薩克前首都）與鄭尚進會面，他跟我說：「金日成當時很年輕，而且非常瘦。」

金日成回到了朝鮮。三十三歲，身為游擊隊指揮官的人生，至此的戰鬥相當辛苦。但是他撐過了日本嚴峻的討伐作戰，與六十名部下一同踏上祖國，顯示了金日成這個人的非凡能力。以上為金日成神話基礎——滿洲抗日戰爭的事實。

第二章

朝鮮民主主義人民共和國的誕生

（一九四五—一九四八）

回到祖國的金日成與金正日（1945年底）

從日本統治下解放

日本於一九四五年八月十五日宣布投降，朝鮮也從日本統治下獲得解放。同日，蘇聯立即接受了美國的提案，以北緯三十八度線為分界，以北由蘇聯軍占領，以南則由美軍占領。在日俄戰爭期間，日本曾經提議將朝鮮半島的勢力圈分成南北。蘇聯也曾提議將三十九度線以北的區域劃為中立地帶，這樣的想法是為了讓朝鮮從日本的統治下獲得獨立。戰後美國及蘇聯重拾了這個方案，但對朝鮮民族而言，解放是造成分裂悲劇的開始。

解放的時刻來臨時，朝鮮半島陷入一片欣喜若狂。首先實現了政治犯的釋放。到了八月十六、十七日，幾乎所有的政治犯都出獄了。其中大多數是共產主義者，另有少數拒絕參拜神社的基督徒。行動受到約束的民族主義者也相繼動了起來。

北邊的人們則等待蘇聯解放軍的抵達。平壤的民族主義代表是有「朝鮮甘地」之稱的曹晚植。他是一名基督徒，曾任五山學校校長，一九二〇年代末期也曾擔任新幹會（為共產主義者與民族主義者的統一戰線組織）平壤支會會長。解放後，曹晚植創立一個新的建國準備組織時，主要以民族主義者為中心，但是他決定將過去在新幹會的共產主義者也納入。八月十七日下午兩點，平安南道建國準備委員會正式創立，由曹晚植擔任委員長，總務部長則由共產主義者李周淵擔任。

獲得解放後的朝鮮民族，將怒氣化作實際行動，放火燒了山丘上的平壤朝鮮神社（現址為金日成巨大銅像）。除此之外並未出現其他暴力事件。

蘇聯軍的占領

蘇聯軍在八月十五日攻擊雄基（現名先鋒）、羅津、清津三港口後，予以占領。占領朝鮮的第二十五軍主部隊仍在滿洲，指揮官契斯雅科夫（Ivan Chistyakov）與主部隊則在八月二十四日，從滿洲的延吉進入朝鮮北部的重要都市咸興。

對於要占領朝鮮一事，蘇聯完全沒有做任何準備。曾經在第三國際活動過的朝鮮人共產主義者，幾乎在一九三〇年代都被當作日本間諜處刑了。於是蘇聯首次嘗試將當時位在伯力附近野營的中國共產黨東北抗日聯軍領袖叫到莫斯科，而這位領袖正是金日成。蘇聯也曾經想過將一九三七年被強制移民到中亞的蘇聯籍朝鮮人送去北韓，擔任蘇聯軍的要員，但卻遲遲未敲定體制。

抵達咸興的指揮官契斯雅科夫與咸鏡南道的知事岸勇一會面，並提出要總督府讓蘇聯負責旗下組織的行政事務。但令人意想不到的是，咸興是朝鮮共產主義運動的重鎮，甫出獄的共產主義者代表及建國準備委員會的代表認為，應該要平等創建新的組織，並自告奮勇要負責新組織的行政事務。契斯雅科夫對此事感到相當開心，於是取消了先前的提案，並將行政事務交由這個帶有強烈共產黨色彩的新組織來負責。

契斯雅科夫於八月二十六日飛往平壤。二十九日，他與曹晚植的平安南道建國準備委員會及玄俊赫的平安南道共產黨委員會的代表們會面，並同意他們創立平安南道人民政治委員會。咸興的方式也適用於平壤，由曹晚植擔任委員長，玄俊赫擔任副委員長。但是玄俊赫在九月三日遭到暗殺。犯人背景至今依舊不明。

蘇聯的占領方針

到了九月二十日，以最高司令官史達林的名義發出了北韓占領方針的指令。內容是「在北韓內，應以反日的民主政黨及團體為基礎，協助建立中產階級民主主義權力」，更指示「不要引進蘇維埃的秩序」。指令的主旨是要促進「反日的民主團體及政黨」並進行援助，意味著蘇聯要在占領的北韓內成立政權，而且一定要是共產黨參與的政府才行。蘇聯完全沒想過要統一朝鮮，只想著要在自己占領的區域內成立一個親蘇的政權而已。

蘇聯軍負責指揮統治北韓的是斯托伊科夫（Terentii Shtykov），他是沿海州軍管區司令梅列茨科夫（Kirill Meretskov）的軍事會議委員。他曾在日丹諾夫底下擔任列寧格勒黨書記，並非軍人出身。他負責指導北韓的改革，於北韓建國後擔任蘇聯大使，直到韓戰爆發為止。在他的指揮下，於平壤設立了民政部，並指名由第三十五軍政治部長羅曼年柯（Andrei Romanenko）擔任部長。

北韓各地也主動成立人民委員會。蘇聯軍為了設立聯合體制，於十月八日至十日，在平壤召開了北韓五道大會。雖然有些人對於只有北韓地區的會議有所抗拒，但最後成功排除了抗拒，並在會議結束後的十一月十九日，成立了五道行政局。為平衡蘇聯占領軍民政部各課，任命了行政局各局長，並接受民政部的委任從事行政業務。被任命的十位局長中，有五位是共產黨員，其中更有人是從首爾派來的。曹晚植則擔任五道行政局的代表。

共產主義者

躍上解放後政治舞台的，是共產主義者。在國內的共產主義者大都是長年從事共產運動的元老級黨員，不少人曾經放棄，但也有像朴憲永一樣堅持的人。他在首爾重新組織共產黨，並未放棄共產主義的理念，即使轉為地下工作，仍持續打拚。而北韓的代表吳琪燮及金鎔範則在莫斯科學習，並由第三國際派至朝鮮。當時與金鎔範一同前往的蘇聯籍朝鮮人的妻子，就是朴正愛。

最早來自國外的共產黨員都是擁有蘇聯國籍或黨籍的朝鮮人，他們以蘇聯軍的諜報部員或士兵身分參戰。總的來說，大家都很年輕，職業也各不相同，很少人有政治經驗。這些人稱作蘇聯派。而戰後歸國的金日成等抗日聯軍戰士，則為滿洲派。這些人多數教育程度低，無法擔任黨務或政務，只能從事保安警察及軍事層面的工作。

以國內派為主力，再加上與蘇聯軍一同前來的蘇聯派及滿洲派——集結在一起，成立了北韓的共產黨中央組織。於十月十三日召開西北五道黨負責人及擁護者大會，朝鮮共產黨北韓分局就此誕生。黨報《正路》創刊號的報導如下：

> 一百多位黨員在場的緊張氣氛裡，由金鎔範同志擔任司儀，舉行臨時執行部的選舉，全場一致決定致電為重要的領袖朴憲永同志的健康祝願祈福。接著由兄弟黨員內貝科夫進行意義深遠的國際情勢報告。然後由吳琪燮同志針對政治路線及黨的任務，以及金永煥同志針對黨組織問題進行報告。會中也討論到地方政權、道黨事業強化問題，以及設置北韓分局及委員選舉事宜。

文中提到的金永煥，正是金日成的化名。當時金鎔範為第一祕書，吳琪燮為第二祕書，金日成只是普通的祕書。宣傳部長則是國內派的尹相南，組織部長是與金日成一同歸國的蘇聯派軍醫李東華，官方報《正路》的總編輯則是前中學校長的蘇聯派太性洙。北韓官方的說明會議是從十日至十三日止，並將十月十日定為黨的創立紀念日。之所以會如此，在我看來，應該是金日成在十日召開的預備會議上提出了重要提案的緣故。

(一) 西曆紀元一九四五年十一月一日 정로 創刊號 第一號

正路

發行所 朝鮮共產黨北部朝鮮分局

創刊辭

萬國의勞働者는團結하라!

버릴것은鐵鎖요 어들것은全世界다!

朝鮮共產黨北部朝鮮分局設置

劃期! 五道黨責任者熱誠者大會

黨의政治路線確立 組織擴大強化

黨의進路明示 —(大會決定書)—

朝鮮共產黨北韓分局官方報《正路》創刊號（1945年11月1日頭版）

金日成的登場

在十月十四日的平壤市民大會上，金日成首次出現在大眾面前發表演說。平壤市民大會是與蘇聯軍一同慶祝朝鮮解放的大會，台上懸掛著「史達林萬歲」的俄文標語，正中央還有史達林的照片。市民們早已得知金日成會出席這場大會，因而爭先恐後地要來看金日成。日後北韓將這場大會解釋成金日成將軍的歡迎大會。很多人以為演講的會是個老將軍，但台上的金日成是位壯碩的青年。還有不少人以為金日成是假的，他們原本期待的是經歷過滿洲激烈游擊戰的白鬚老將軍，其實是這些人誤解了。

金日成是為了重組朝鮮共產黨才回國，但他將這個責任託給他人，並與日後民族派的基督徒曹晚植合作，著手進行成立朝鮮民主黨的工作，金策也

慶賀解放平壤市民大會的正面講台（1945年10月14日）。正中央是史達林的肖像，也可以看到金日成的臉，與蘇聯軍人站在一起。右邊女性所拿的畫框內寫著「獻給史達林同志」。正在說話的是金鎔範。

從旁協助。朝鮮民主黨始於十一月三日，黨魁為曹晚植，副委員長則為歸國的崔庸健。這個黨是由滿洲派及基督徒一同成立的。由於成員只有共產黨員，不會變成政黨聯合，因此共產黨打算從內部進行控制。但由於很多人加入這個黨，人數遠遠超過了共產黨。

十一月二十三日在新義州發生了學生襲擊共產黨本部的事件，是因為新義州共產黨的活動有所缺陷所致。黨部派金日成前往新義州解決。他批判了當地的共產黨幹部，並與市民做好約定，該改正的部分一定會改正，同時表明自己也是共產主義者。由此可見，以此為契機，金日成認為自己應該站到第一線，握有共產黨的主導權。

北分局第三次擴大執行委員會

蘇聯占領軍為了掌握北韓，從朝鮮調來第二批蘇聯籍朝鮮人，在十二月抵達平壤。雖然全員接受過高等教育，但是擁有運動及行政經驗的人占少數。其中地位最高的是許嘉誼（Ho Ka-i，亦可記為許哥誼），本名為Alexei Ivanovich Hegai。他於一九三六年擔任遠東波謝特朝鮮民族區黨委員會第二書記，一九三七年被強制移居到中亞後，曾任烏茲別克共和國揚吉尤利（Yangiyul）地區的第二書記。三十八歲的他受俄國影響很深，不太會說朝鮮語。同月，他成為中國共產黨的黨員，在中國共產黨的指揮下，隨著朝鮮義勇軍及朝鮮革命軍政學校四處征戰。而延安派的共產主義者也相繼歸國。這是一群菁英集團，成員有老有少。集團的中心人物有南韓文學家金科奉（五十六歲）、元老級的共產主義運動家，畢業於早稻田大學的前首爾．上海派的崔昌益（五十歲）、曾任中共長征八路軍的砲兵連隊指揮官的朝鮮義勇軍總司令武亭（四十歲），還有曾就讀中國廣東中山大學的金昌滿，他跟金日成同年（三十三歲）。他們多半待在過去的組織——朝鮮獨立同盟，但武亭與金昌滿等人則加入朝鮮共產黨。據推測，他們應該是得到中國共產黨的指令，要他們支持以金日成為中心的北韓體制。

獲得新參加者的支持，朝鮮共產黨北韓分局第三次擴大執行委員會於十二月十七日召開，金鎔範轉任第二祕書，金日成則擔任責任祕書。吳琪燮轉任組織部長，而延安派的武亭及蘇聯派的許嘉誼則分別擔任幹部部長及勞動部長。金日成也對黨的組織缺陷進行了嚴厲的批判報告。

黨的形式很明顯地是由蘇聯派與延安派從旁支持，並推舉金日成為領袖。而金日成掌握北韓的黨魁位置，一坐就是四十九年，直到他死為止。

北韓臨時人民委員會

最初發生的是與民族主義派的分裂，以及建立實質的單獨政權。一九四五年十二月，針對朝鮮問題，在莫斯科召開美英蘇三國外長會議。美蘇成立了共同委員會進行討論，雙方達成協議，成立朝鮮統一政府，並在成立後五年內由美蘇共同監控。若是以當時美蘇只想將朝鮮劃入各自勢力範圍的想法來看，這個協議是避免分裂的最後機會。要實現莫斯科三國外長會議的決定難度相當高，身為朝鮮民族，非得要以民族的智慧來跨越這個困難不可。但是五年的共同監控被視為五年的信託統治，受到南北民族主義者猛烈的反對。金日成與崔庸健極力說服曹晚植，但是曹晚植完全不接受。結果曹晚植於一九四六年一月五日辭去平安南道人民委員會委員長一職，蘇聯則以反蘇的理由將曹晚植軟禁在飯店裡。十日抵達平壤的斯托伊科夫告訴契斯雅科夫，像曹晚植一樣的人有數百名之多，一定要加以打擊，更指示「要教導朝鮮同志階級鬥爭的本質」。曹晚植被褫奪公權遭到流放，而朝鮮民主黨委員長一職曾由金日成母方的親戚康良煜牧師擔任，而滿洲派的崔庸健也被升為副委員長。

另一方面，由金日成領導，延安派及蘇聯派掌權的共產黨，決定要從首爾中央獨立出來。首爾的領袖朴憲永為了朝鮮統一政府的成立，推動「民主主義民族戰線」（簡稱

「民戰」）的組成。但他才剛以「朝鮮民族的領袖」為口號進行宣傳，就遭到北韓的共產主義者抗議。延安派的朝鮮獨立同盟則改組為朝鮮新民黨，並開始採取行動，將組織延伸到南韓。

一九四六年二月八日，在蘇聯軍政的指示之下，金日成等人設立北韓臨時人民委員會。這個組織除了統合北韓的行政負責人而具有內閣的功能，同時也因各黨代表的參加而兼具統一戰線組織的作用。而此統一戰線組織無疑是要對抗在首爾成立的「民戰」。

臨時人民委員會委員長是金日成，他從此時起就是黨的領導，同時也是政權的領導。副委員長是從延安返國的獨立同盟成員金枓奉，書記長則是朝鮮民主黨的康良煜。金日成發表了二十項的政綱。

二月十五日召開的朝鮮共產黨北韓分局第四次擴大執行委員會中，宣傳煽動部長尹相南與黨的宣傳煽動活動遭到批評，會議決定要強化這個部分。之後，宣傳煽動部長改由延安派的金昌滿擔任。

土地改革

北韓臨時人民委員會最先進行的是土地改革，這與蘇聯占領軍的準備及金日成的個性有關，手法也相當激進。起因為蘇聯軍的徵用所導致的糧食不足。一九四五年江原道秋天的農穫全部被蘇聯軍接收，而平安北道也被徵用了八成，造成沒有糧食可以配給給居民。整體來說，咸鏡南北道及平安南道呈現糧食不足的狀態。為了要增加徵用農民的穀物，必須改變農村體制，因此不得不進行農民所期望的土地改革。

以往的方針是朝鮮共產黨的方針，即所謂的三七制。曾經幫助日本的地主的土地，以及日本人的土地全部沒收，而朝鮮人地主的土地則維持原狀，農穫的三成繳給地主，七成則由佃農接收，這個方針只在北部實施。但在二月八日，金日成組成北韓臨時人民委員會，並宣布將土地國有化，廢除佃農制度，準備實施無償的土地分配等一連串激進的新方針。南韓研究員金聖甫認為，這個新方針「與蘇聯軍政指導的沿海州軍管區的立場一致」，二月中旬，梅列茨科夫與斯托伊科夫將相同內容的土地改革案送往莫斯科。金日成的方針與沿海州軍管區案，成為三月公布的土地改革法令的基礎。共產黨北韓分局並未參與決定的過程，而是在占領軍及金日成的主導之下強制實施。

土地改革的前一晚發生了恐怖攻擊事件。三月一日，平壤的集會上被不明人士丟擲手榴彈，蘇聯軍官為了防止傷害，用手抓住手榴彈，導致他失去了手掌。康良煜自宅則於三月十三日遭到襲擊，包含長男在內有兩人遭到殺害。這被視為曹晚植的狂熱支持者所為。金日成為了瓦解反動地主勢力的社會基礎，因而加速了土地改革的進行。

三月五日決議的法令本身，也明確寫出月底實施土地改革的字句。以共產黨為首，動員所有團體，不眠不休地進行瘋狂宣傳、組織、調查及分配工作。共產黨北韓分局宣傳部的文宣大綱上寫到，透過土地改革，除了回應農民們的期望，還證明北韓臨時人民委員會是「我民族史上第一次真正的人民政權，完全的民主主義政權」，更提到「土地改革……是金日成將軍直接領導下所實施的。透過土地改革，證明了誰是今日朝鮮民主革命的領袖」（《黨的政治路線及黨事業總結與決定》一九四六年）。阿姆斯壯認為這個非常迅速的作法，就有如抗日戰爭時期滿洲解放區所實行的土地改革方案，而他的想法是正確的。

獲得土地的農民，完全從地主佃農關係中解放。制定了農業現物稅，規定收穫的百分之二十五要繳納給國庫。國家則以糧穀收買制，透過消費合作社購買剩下的穀物，但實際上採用分配制，強制規定要賣給國家。

司法制度的整頓也與土地改革同時進行。三月六日公布了裁判所與檢察所組織的相關原則。

蘇聯式人事制度

土地改革之後，金日成與共產黨的權威顯著提升。四月十日召開的北韓分局第六次擴大執行委員會上，決定往後各道人民委員會幹部的選舉，一定要向上層的共產黨組織報告並獲得許可。除了各道人民委員會之外，各郡人民委員會部長以上的幹部須獲得共產黨北韓分局的許可，郡課長以下的幹部則要獲得各道黨組織的許可。實際上就是選出黨的上級組織所提名的候補人選。這是第一次採用蘇聯的人事制度，即所謂的職官名錄制度。

隔年初在滿洲活動的延安派也加入共產黨。其中於四月歸國的朴一禹與金日成同年，出身滿洲延邊，在學校老師的影響下加入中國共產黨，並於關內進行活動。他離開中國共產黨學校第四部後，於一九四三年擔任朝鮮革命軍政學校副校長，是中國共產黨的菁英。他立即取替武亭的位置，成為黨幹部的部長。

為了慶祝五月一日勞動節，準備委員會發行了《金日成將軍》小冊子，開始著手進行個人崇拜。五月上旬，朝鮮共產黨北韓分局宣布改名為北韓共產黨中央委員會，正式從首爾中央的北韓黨組織獨立出來。當時召開的黨會議上，從二月開始擔任黨宣傳煽動部長的延安派金昌滿明確指出，有必要推舉金日成為北韓的領袖。金昌滿曾參加中共第七次全國代表大會，並實際體認到毛澤東思想即黨的指導思想。他認為「朝鮮尚未有黨領導存在」，因此必須要向蘇聯及中國學習，選出屬於自己的史達林或毛澤東。

不久前，北韓共產黨內採取了路線，制定了各種政策，黨的基礎在於全體勞動大眾，因此我們必須明確認同日成同志的領導。日成同志所領導的分局必須要非常團結。以建立民主主義朝鮮臨時政府為目標，因此決定推舉日成為政府的最高指導者。（《黨的政治路線及黨事業總結與決定》一九四六年）

金昌滿於六月十日打出了「朝鮮民族偉大的領袖金日成將軍萬歲」的口號。

勞動法令．男女平權法

土地改革的結果非常成功，接著頒布的則是勞動法令（六月二十四日），內容規定勞動時間為八小時。七月八日成立金日成綜合大學。一開始稱作北韓綜合大學，但不久後就改名為金日成綜合大學，這開了其他共產主義國家的先例。七月三十日頒布了男女平權法，這對朝鮮的女性來說是一大福音。八月十日發布產業國有令。十五年的戰爭促使朝鮮為了軍需而發展重化學工業，但幾乎都集中在北方。實際上，日本的國有企業皆由蘇聯接收並控管，之後再由朝鮮接收，成為朝鮮的國有企業，這是很常見的方式。工業建設方面則由留在當地的日本技術人員組織從旁協助。

為了八月十五日這天，更加鼓吹對金日成的個人崇拜。由作家韓雪野擔任委員長的北韓藝術總聯盟，發行了《金日成將軍讚揚特輯〈我們的太陽〉》。內容還包含了韓載德所寫的〈金日成將軍游擊隊戰史〉，以及李燦作詞、金元均作曲的〈金日成將軍之歌〉。

北韓勞動黨的誕生

政治層面的課題則是要成立一個從中央到地方的政黨團體統一戰線。但半路卻突然出現另一個課題，也就是要成立一個強而有力的前衛黨。這是因為史達林介入的緣故。

一九四六年七月中旬，金日成與朴憲永被叫到莫斯科與史達林會面。史達林向兩人提議說共產黨與新民黨一同成立新的政黨。史達林突然的一席話，讓朝鮮這邊感到相當疑惑，但仍然承諾說會辦到。共產黨的黨員在土地改革結束時，大約有四萬三千多人，完全不及民主黨的十四萬人。新民黨雖然剛成立，黨員也有一萬五千人。很有可能是史達林覺得再這樣下去不行，若不強化共產黨就無法選舉。於是史達林一聲令下，歸國後的金日成便朝著這個方向進行。

八月二十八至三十日召開合併黨大會，北韓勞動黨因此誕生。在大會上進行報告的是金日成與金科奉，而金日成在結尾時提到了南北關係。

勞動黨的中心任務是盡快讓朝鮮實現完全的民主主義獨立。因此，首先要強化北韓的民主主義根據地，接著要協助南韓的民主主義政黨社會團體，我們必須在整個朝鮮實行我們的民主主義大業。

大會中決定新民黨的金科奉擔任新黨的委員長，金日成則任副委員長，儘管如此，透過這次的大會，確立了金日成是最高領導者的角色。金科奉在報告結束時也喊：「我們的領袖金日成將軍萬歲」。若是看中央委員與常務委員的名單，可以發現四十三名中央委員中，以延安派的十六人最多，蘇聯派八人，而滿洲派只有四人。與金日成並列為滿洲派重要角色的崔庸健是民主黨委員長，不屬於勞動黨。因此，十三名常務委員中，只有金日成與金策兩人屬於滿洲派，其身旁則是延安派的金科奉、崔昌益、金昌滿、朴孝三、朴一禹、金教英六人，以及蘇聯派的許嘉誼和太成洙。國內派則有朱寧河、朴正愛及吳璂燮三人。實務上，組織部長的許嘉誼是蘇聯派，幹部部長朴一禹及宣傳煽動部長金昌滿則屬於延安派。

黨員在不久後急速增加，一九四七年一月已經有五十六萬人。由此可以看出，這是自勞動黨創黨之後，第一次正式進行黨的建設。勞動黨首次發行的官方報為《勞動新聞》，創刊號於九月一日發行。

順帶一提，南韓也在同年十一月，由朴憲永委員長創立了南韓勞動黨。

創軍的準備

在此同時，軍隊則獨立於黨之外。一般的社會主義國家，軍隊通常是黨軍。在中國因為是黨的軍隊，所以是由中國共產黨的軍事委員會來管理中國人民解放軍，但是北韓的軍隊則是獨立於黨之外。設立保安幹部學校的法令於七月八日公布，之後則是暗地進行。保安幹部學校的校長朴孝三及副校長金雄都是自延安歸國的幹部。這間學校暗地裡組織了保安幹部訓練大隊，日後成為軍隊基礎。擔任軍司令官的是民主黨黨魁、保安局長崔庸健，副司令則是金策，兩位皆是滿洲派大老。金一旗下的滿洲派大舉集結於此，軍隊組織可說是以滿洲派為中心，再加入一些延安派的人。保安局長則換成延安派最重要的人物朴一禹。而將獨立於黨之外的軍隊與黨做連結的，正是金日成與金策兩人。

至此，金日成為領導人，其下的黨務與政務則由延安派、蘇聯派及國內派共同負責，軍務則以滿洲派為中心，外加延安派。

北韓人民委員會成立

一九四六年十一月三日，道、市、郡舉行了首次選舉，選舉的方式與其他社會主義國家的選舉相同。由統一戰線組織「民戰」召集各政黨團體的代表決定候選人，提名人數幾乎與名額相同。投票方式是採贊成或反對的方式，贊成的話就將票投入白色箱子裡，反對的話則將票投入黑色箱子裡。由於箱子本身並未做任何遮蔽，因此投票的隱私並沒有受到保護。

十二月十八日進行教育制度改革，改成五三三制。也就是小學五年，國中三年，高中三年，高中之上還有大學。十二月十九日則實施了社會保險法。

一連串的制度改革後，十二月發起了建國思想總動員運動。金日成起先提案的是「建國精神總動員」，這很明顯地跟日本統治時代末期的「國民精神總動員運動」類似。但是曾在延安經歷過整風運動的金科奉，將日式說法的「精神總動員」一詞，改成中式說法的「思想總動員」。

十一月三日的選舉，從各道、市、郡選出一千二百名代表，並於一九四七年二月十七日參加道、市、郡人民委員會大會。會上選出二百三十七人的立法機關——北韓人民會議，金枓奉被選為議長。人民會議上承認北韓人民委員會為行政機關，委員長為金日成，副委員長則從金枓奉換成金策。臨時人民委員會中，留任部長有九人。這意味著北韓成立了正式的政府。臨時人民委員會拿掉了「臨時」二字，往後入出境管理也是由人民委員會負責，成為實質的國家機關。

黨的副委員長、實際上是領導人的金日成，此刻成為正式的政府領袖。一九四七年二月的人民委員會大會上，更加鼓吹了金日成崇拜。會上提到金日成的人，皆以「朝鮮民族英明的領袖」，或是「朝鮮民族偉大的領導人」來形容他，無一例外。

南方革命基地

北韓已經有了以選舉作為基礎的政權，有議會也有內閣，雖然是在蘇聯的占領之下，但朝鮮人的政權已經誕生了。

另一方面，南韓在美軍政府統治下，發生了由共產主義者領導的群眾抵抗運動。一九四六年十月，以大邱為中心，發生了激烈的暴動。一九四七年三月南韓全國發生大規模的罷工。北韓意識到北方應作為南方革命基地，因而決定強化民主根據地，藉此促進南方的改革。

一九四六年十月，金日成設立了平壤革命者遺族學院，專門教育革命鬥士，尤其是在滿洲抗日犧牲的游擊隊員的子女。這是一所九年制的菁英學校，也是日後的萬景台革命學院。校長由滿洲派的李鳳洙擔任。

經濟建設的成長

北韓在黨與政府的指導下，全力發展經濟建設。經濟建設的作法，很早即開始實施人民模範運動。一九四六年十二月農民金濟元推動了一個模範運動——愛國米捐獻運動。金濟元為了感謝因土地改革得到土地一事，把自己剩下的米無償地捐獻給國家。這件事被金日成提出來，稱讚「金濟元同志的行為相當優秀」，之後農民同盟會議及海州市大會決議，要效法金濟元的捐獻而開始了這項運動。

之後，煤礦勞工金黃一推行了另一個模範運動——生產突擊隊運動。金黃一可謂朝鮮的斯達漢諾夫（Alexey Stakhanov）*，他發現了提升產量的方法，金日成稱讚他的行為相當優秀，職業同盟也因此全面採取金黃一的方法。

「突擊隊」一詞原來自俄文，即使北韓很快地於一九四六年進行土地改革及繳納現物稅，卻還是不斷發生「突擊隊運動」。蘇聯派引進的方法，藉由金日成的提及，促使每個人都努力積極地進行，這也加速了內部組織化的腳步。

在這樣的背景下，一九四七年北韓採用人民經濟復興發展計劃，並設定了目標。將日本殖民時代建設的重化學工廠國有化，成為工業發展的基礎。整體來說，經濟發展可說是以一個很快的速度進行。但是北韓的農業相對較弱，因此也更花心思在這方面。

美蘇共同委員會決裂

為了成立朝鮮的統一臨時政府，一九四六年三月二十日於首爾召開了美蘇共同委員會。會上蘇聯代表斯托伊科夫提到「蘇聯認為朝鮮是真正的民主主義獨立國家，對蘇聯

＊編註：蘇聯礦工，一九三五年八月三十一日夜間值班時採煤一〇二噸，為定額的十四倍，之後又再打破紀錄採煤二二七噸（儘管日後資料顯示，這些是造假的數字），因此受到史達林的褒獎，並發起提高勞動生產效率、創建新生產紀錄的「斯達漢諾夫運動」。

抱持著友好的態度，將來不會成為攻擊蘇聯的基地，我們對朝鮮非常關心」，這是非常直率的說明。對蘇聯而言，期待在朝鮮北部建立一個親蘇政權。這使得美蘇交涉陷入困境。五月六日休會，直到一九四七年五月二十一日再次開會，但美蘇的討論，讓成立朝鮮統一政府一事停滯不前。關於該以哪個團體作為臨時政府的中心這點，雙方互相否決對方所提出的團體，呈現完全無法溝通的狀態。

結果美國於一九四七年九月決定將這個問題交由聯合國處理，十月中止了美蘇共同委員會。十一月十四日採納了聯合國總會的決議，內容是在聯合國的監視下實施總選舉，並設置臨時朝鮮委員會來監督選舉。

朝鮮人民軍與憲法案

不出所料，北韓對此強烈抗議。首先於一九四八年二月八日，宣布創建朝鮮人民軍，將過去祕密訓練的軍隊公開化。一般來說應該要稱作北韓人民軍，但是卻取名為朝鮮人民軍。既有的組織稱作北韓人民會議、北韓人民委員會，只有軍隊稱作朝鮮人民軍。同日，朝鮮人民軍創建典禮的遊行上，就任朝鮮人民軍總司令官的崔庸健稱「我們的首領金日成」，這是他第一次稱金日成為「首領」*。民族保衛部長則由金策擔任。

接著是從前一年秋天開始籌劃的朝鮮民主主義人民共和國憲法案，於二月十日發表。北韓完全沒有與南方討論，就將統一朝鮮的概念呈現出來。憲法案最後送往莫斯科，經過史達林的審查後獲得認可。這是蘇聯占領下建國的過程，占領者嚴格審查憲法是理所當然的事情。蘭科夫從這件事情，判斷北韓為蘇聯的「傀儡國家」，但身為日本人的我對此抱持疑問。日本憲法是由美國占領軍所寫，由日本進行修改，但日本並非美國的「傀儡國家」。

北韓內部強硬地推動建國一事，可從三月二十七日召開的北韓勞動黨第二次代表大會看出。人事基本上沒有改變，仍由延安派（十八人）與蘇聯派（十四人）構成中央委員會的中心，滿洲派的三人也跟之前相同。

這個大會的特徵是國內派遭到嚴厲批判。國內派過去的所作所為全盤受到批判。這是因為國內派與南邊的共產主義者最親近，在南北統一成為問題的時刻，才會遭到如此嚴厲的對待。之後延安派的金昌滿被解任宣傳煽動部長一職，由蘇聯派的朴昌玉接任。

* 編註：「首領」（수령，Suryong）一詞意即領袖。但在金日成、金正日的諸多稱謂中，「首領」為限定用語，如「偉大的首領」特指金日成。金正日提出的「社會政治生命體」理論中也特別強調首領的重要性（參見本書第七—八章），因此如為專有的稱謂，即保留「首領」一詞。

從這時候起，黨宣傳的用語正式改用蘇聯形式。

單獨選舉與分裂國家的誕生

聯合國朝鮮委員會決議決定於一九四八年三月十二日舉行南韓的單獨選舉，但是反對聲浪高漲，其中以四月三日的濟州島事件為最主要的抗議事件。南韓的政黨及團體代表被叫至北邊，與北邊的政黨團體一同參加了於平壤舉行、始於四月十九日的聯席會議，但是南韓並未因此停止單獨選舉。到了五月十日，南韓在聯合國的監督之下，舉行了國會議員的選舉。由於無法在北韓舉行選舉，因此將北韓的席次以空位呈現，召開第一次國會，並決定以整個朝鮮半島為版圖，建立大韓民國。

七月十日，北韓人民會議決定施行《朝鮮民主主義人民共和國憲法》，並以該憲法為基礎，舉行朝鮮最高人民會議的選舉。《朝鮮民主主義人民共和國憲法》第一〇三條是「首都為首爾」，亦即過去政權組織雖然僅限於北韓，但之後是以整個朝鮮半島為國家版圖。選舉則在八月二十五日舉行。

大韓民國則提前在八月十五日於首爾宣布成立，主張領土是整個朝鮮半島，為朝鮮唯一的合法國家。而朝鮮民主主義人民共和國則於九月九日宣布建國，同樣也主張領土是整個朝鮮半島，首都是首爾，為朝鮮唯一的合法國家。

朝鮮民主主義人民共和國首相*為金日成，第一副首相兼外交部長†則是南方的共產主義者朴憲永。第二副首相兼產業部長為金策。第三副首相為洪命熹。其他還有來自南邊的農林部長朴文奎、教育部長白南雲、司法部長李承燁、勞動部長許文澤等。換言之，北韓的政權加入了南韓的人士，採取了南北統一政權的形式。金日成與朴憲永的團結，代表南北的合作，也成為新生的朝鮮民主主義人民共和國的中心。

*編註：根據一九四八年制定的《朝鮮民主主義人民共和國憲法》，最高權力執行機關為內閣，首長為內閣首相。一九七二年的《朝鮮民主主義人民共和國社會主義憲法》則改最高權力機關為政務院，首長為政務院總理。直到一九九八年修憲再改為內閣，首長為內閣總理。

†編註：北韓內閣下轄部門以朝鮮漢字表示為外務省、內務省、農業省等，各省首長稱「相」。如外務省（即外交部）設外務相（部長）一名、副相（副部長）三名。本書依通用習慣，使用外交部長、內政部副部長等稱謂。

第三章

韓戰

（一九四八—一九五三）

中國人民志願軍進入平壤（1950年12月）

國土完整與北伐統一

依據憲法規定，朝鮮民主主義人民共和國的首都為首爾，平壤則是暫定的首都。大韓民國的領土則明文規定是整個朝鮮半島。對雙方來說，三十八度線另一側的政府，是搶了自己版圖的傀儡政權。理論上來說，大韓民國與朝鮮民主主義人民共和國相互不認同對方的存在。

金日成於一九四八年九月十日發表了朝鮮民主主義人民共和國政綱，其中的第一項，是建國後的最大課題。內容如下：

> 依照南北韓人民意思而成立的中央政府，讓朝鮮人民與政府團結一致，盡全力急速發展統一的民主主義自主獨立國家，為了保持國體完整及統一祖國的目標，將全力實踐蘇聯政府的提案，同時撤退雙方的軍隊。

北邊的「國土完整」案與南邊的「北伐統一」案相互對抗。當一九四八年誕生了兩個皆以整個朝鮮半島為版圖的朝鮮國家時，雙方皆不排除以武力除去對方以達成國土統一。從日本殖民統治下獲得解放，期待重新建立一個民族國家，也就代表著國土統一是一定要達成的民族目標。值得注意的是，這個想法是鄰國中國經驗的延伸，受到中國統一過程的直接影響，而逕自引用中國的方式。「國土完整」及「北伐統一」皆是中文。就中國的情況而言，以武力統一中國算是民族內部的戰爭。但是朝鮮的內戰則被視為國際秩序中的一環，也意味著是兩個甫成立的國家間的戰爭。從這點看來，這並非延續中國經驗，而是屬於完全不同的歷史現象。

蘇聯早已跟北韓協調好，於十月開始進行一連串的撤軍，直到十二月結束。蘇聯軍的占領時代就此畫下句點，並由斯托伊科夫擔任大使。

北韓的意欲與大國的壓制

北韓的領導人深受國共內戰的影響。一九四八年十一月，整個滿洲地區都在中共軍的支配之下。滿洲這場戰爭*的勝利，直接鼓舞了北韓。滿洲的朝鮮族媒體也將朝鮮民主主義人民共和國的建國與滿洲解放扯在一塊，並喊出打倒蔣介石及南韓總統李承晚。

李承晚因中國的狀況，強化了他的危機感，於是他於一九四九年年初公然發表「北

＊編註：指一九四八年九月至十一月的遼瀋戰役。

伐統一」。這個構想是以中國的內戰，即國民黨政府討伐北方的軍閥為範本。從一月底至二月初，南邊的警察與軍隊跨越三十八度線進行攻擊。同時，李承晚也跟當時來訪的美國陸軍部長肯尼斯・克萊波恩・羅雅爾（Kenneth Claiborne Royall，一八九四—一九七一）傳達北伐的希望，並要求美方增加軍隊、軍備及武器，但遭到美國政府的拒絕。

第二次世界大戰之後的東北亞統治是經由美國與蘇聯協議而成的。而這個協議是依照雅爾達會議、聯合國最高司令官的一般命令，以及一九四五年十二月於莫斯科召開的三國外長會議的決定。此協議最重要的部分，就是朝鮮分別由美國及蘇聯分割占領。即使歐洲陷入冷戰，史達林仍維持他的亞洲政策。因此一九四九年三月，金日成與朴憲永等人以建國後首次的政府代表團身分訪問蘇聯，於三月十四日密會了史達林及蘇聯外交部長莫洛托夫（Vyacheslav Molotov），表明了「國土完整」的期望，但是卻遭到史達林的拒絕。

三月時，南韓的入侵攻擊事件再起，到了四月，有祕密情報指出，南韓將於六月進行北伐攻擊，蘇聯領導階層對此感到恐懼。另一方面，中國人民解放軍於四月二十三日跨越長江，攻陷南京。這讓北韓的士氣大振，蘇聯也得知了中國革命的消息。

金日成與朴憲永在四月底向蘇聯大使要求提供武器裝備，同時也派金一前往中國，要求中國將參與中國革命的朝鮮人派回朝鮮。毛澤東同意了這個要求，並回答說兩個師、一萬人規模的朝鮮人隨時都可以派遣至朝鮮。

六月，南北韓的勞動黨決定將組織統合。金日成擔任新朝鮮勞動黨委員長，副委員長則由朴憲永及許嘉誼擔任。同月，南韓軍隊出兵甕津半島，占領了北邊的銀波山。當時南韓軍隊有六個師，北韓人民軍只有三個師跟一個旅，這讓蘇聯大使相當恐懼。七月，從瀋陽出發的人民解放軍第一六六師與從長春出發的第一六四師抵達北韓。前者為人民軍第六師（師長方虎山），後者則為人民軍第五師（師長金昌德）。兩個精銳的師加入北韓人民軍，也改善了兵力差距。

展現邁向武力統一的意志

八月，金日成與朴憲永與斯托伊科夫大使懇談後，表明了以武力統一的意思，同時金日成希望蘇俄同意占領甕津半島靜觀其變的作戰方式。回到莫斯科的斯托伊科夫對史達林報告了他的看法。他認為南進會讓蘇聯陷入困境，美國很可能會援助武器，或是派日軍介入，因此他持反對意見。到了九月，斯托伊科夫認為金日成及朴憲永對南北兵力差異的評估過於誇大，南邊總兵力為八萬五千人，北邊則有步兵五個師、一個旅、一個機械化旅，加起來是八萬人。這樣無法將南邊的軍隊一舉殲滅，他再次重申反對北韓方案的意見，但同時也妥協說可以思考甕津作戰的可能性。九月二十四日，蘇聯共產黨中央委員會政治局認為，「軍事層面及政治層面都沒有準備好」，要攻擊南方是不可能的，而甕津作戰也等於是戰爭開打的意思，因此決定強化南方的游擊戰。史達林所領導的蘇聯，直到一九四九年底，對於改變美蘇分割朝鮮的前提，完全沒有做出任何表示。

南韓的李承晚於九月三十日寫了以下內容，給他的前秘書、美國顧問羅伯・奧立佛（Robert T. Oliver）：「我認為，現在是我方採取攻擊策略，並與忠於我方的北方共軍合流，掃除平壤的其他共軍的最好時機。」但是十月十日奧立佛的回信內容如下：「像這樣的攻擊，或是提到攻擊這件事，就會失去美國官方及公家的支持」，要避免疑似侵略的行為，「要把事情發生的責任怪罪到俄國人身上」。因此，李承晚也只能被迫等待時機。

尋求開戰許可的北韓

一九四九年十月，毛澤東在天安門上宣布建立中華人民共和國。十二月六日，毛澤東出訪蘇聯。日本在美軍占領之下採取強硬的鎮壓政策，日本共產黨的親駐日盟軍總司令部（GHQ）路線失敗。史達林歡迎毛澤東來訪的同時，公布了關東軍石井部隊的細菌戰研究，要求遠東軍事法庭重新審判，並公開與日本共產黨的關係，決定讓日本共產黨加入反美鬥爭的行列。這件事在一九五〇年一月六日召開的第三國際會議上受到批判。

北韓的金日成不可能坐視不管這一連串的變化。一九五〇年一月十七日，在外交部長朴憲永主辦的午餐會上，金日成對斯托伊科夫及大使館的參事官等說：「中國已經完成解放了，我們也訂好了要解放南部朝鮮人民的日子。」

游擊戰不是長久之計。南部的人民知道我們擁有優秀的軍隊。最近我因為思考解決統一國土的問題，晚上都睡不好。如果延宕了解放朝鮮南部的人民與國土統一的事業，我就會失去朝鮮人民的信賴……訪問莫斯科的時候曾說過，雖然不能攻擊南方，但如果李承晚的軍隊攻擊國土北方的話，就可以對朝鮮南部進行反攻。但是時至今日，李承晚都沒有進行攻擊，因而延宕了解放朝鮮南部的人民與國土統一的事業。因此我再度拜訪史達林同志，因為我需要得到他的支持與許可，才能夠進行解放南韓人民的攻擊行動。

金日成無法靠自己發動攻擊，因為史達林同志的指示對他來說就等同於法律，因此沒有他的許可及支持是無法進行攻擊的。但他也以挑戰的態度表示，「如果無法與史達林同志會面，我就會在毛澤東從莫斯科歸國時與他會面。」

史達林的 go sign

金日成將中蘇的支持放在天平的兩端。得知金日成意圖的史達林，做了決定性的轉變，這很有可能是受到一月十二日美國國務卿艾奇遜（Dean Gooderham Acheson）演說的影響。演說暗示即使朝鮮發生事情，美國也不會主動介入*。一月三十日，史達林打電報給斯托伊科夫。

> 我理解金日成同志的不滿。但是他計劃對南韓進行的大事業，是需要做出必要的準備。為了不要冒太大的風險，必須要做好事情的萬全組織。如果他是因為這件事情要見我，我隨時可以跟他會面進行討論。請幫我轉達上述訊息給金日成，關於這件事情我已經準備好要幫助他。

這很明顯地就是 go sign。金日成馬上決定額外組織三個師。為了購買裝備，他跟蘇聯申請預支一九五一年度的借款，提前於一九五〇年使用，並同時向中國請求派遣朝鮮人部隊。這些請求皆被採納。一萬七千人的朝鮮人士兵聚集在鄭州，四月前往北韓，成為人民軍第十二師（師長全宇）。有一說是來自中國的朝鮮人部隊於此時「歸國」，但這並不正確。這些人的故鄉皆為滿洲，中國內戰結束的話，應該要回到滿洲才對，況且這些人的黨籍及國籍皆為中國。他們之所以會前往北韓成為人民軍，是因為中國共產黨的命令。

金日成訪問蘇聯與中國

三月三十日，金日成與朴憲永前往莫斯科，四月十日與史達林碰面。史達林最後同意，但兩人仍前往中國，聆聽毛澤東的意見，並尋求他的同意。兩人於五月十三日抵達北京。毛澤東聽完兩人的報告，跟史達林確認過後，才進行正式的會談。史達林說過「因為國際情勢的變化」，他同意朝鮮同志的想法，但如果中國同志不同意，這個決議只能延期。毛澤東本來是希望在解放台灣之後，但如果已經決定現在要進行也無妨。毛澤

＊編註：艾奇遜對美國「全國記者俱樂部」發表的演說中，提及美國的防禦圈自阿留申群島（Aleutians），經日本、硫球群島，至菲律賓，未納入朝鮮半島，因此被解讀為美國不會介入朝鮮半島事務及保衛南韓。

東跟金日成表示他同意。金日成認為可能會有二、三十萬的日軍參戰，關於這部分是沒問題，但是毛澤東認為美軍很有可能參戰，一旦如此，中國就會派遣軍隊。

三階段的作戰計劃

兩人從北京回來後，就開始積極準備。蘇聯的軍事顧問瓦西里耶夫（Alexander Vassiliev）提出了三階段的作戰計劃。第一階段是「突破敵軍的封鎖線，殲滅敵軍的主力」，第二階段是「加強攻擊，殲滅敵軍的預備軍力」，第三階段是「一掃敵軍的殘餘勢力，從南方海岸離開」。這個作戰計劃是要殲滅南韓軍主力，直到占領首爾為止。北韓各軍隊以演習的名目，六月十二日開始移動至前線，二十三日全軍已經進入備戰位置，總共有七個師與一個戰車旅，戰車有二百五十八台T34。此時南韓軍在三十八度線則配有四個師，首爾有一個師，沒有任何戰車。

開戰

北韓人民軍的攻擊命令，於六月二十三日及二十四日發出。二十五日凌晨，於三十八度線發動了軍事行動。斯托伊科夫大使則在二十六日向莫斯科進行報告。

部隊在六月二十四日零點前進入備戰位置。軍事行動則在當地時間（二十五日）上午四點四十分開始。

六月二十五日是星期日，對南韓軍而言，北韓人民軍部隊的攻擊完全出乎意料。南韓軍誓死防守，面對壓倒性的攻擊，不得不撤退。但是李承晚總統對此感到相當平靜。當日上午，美國大使穆喬（John J. Muccio）訪問總統官邸時，李承晚曾說：

我努力讓朝鮮不要成為第二個塞拉耶佛。但是現在的危機，或許是一次解決朝鮮問題的最好機會……美國的輿論認為共產主義侵略有日漸增強的趨勢。

開戰會讓朝鮮成為「第二個塞拉耶佛」，一旦美國介入戰爭，就會變成世界大戰，如此，南韓軍就能夠與美軍一同進行北伐統一。因此李承晚才會說「這是一次解決朝鮮問題的最好機會」。

李承晚更在這天獨斷地決定將政府遷移至南韓中部的大田，他沒有想過要死守首爾。穆喬說服他留在首爾，但李承晚反覆主張，總統不該冒著淪為俘虜的危險留下，完全不想改變先前的決定。只要自己不成為俘虜，退到最後還可以與美國的援軍一同反擊，進行北伐統一。可以看出這是李承晚的構想，而從現實層面來思考，要完成北伐統一，也只有這條路可走。

北韓在六月二十六日，為了防止南韓的「全面侵略」，宣布採取「決定性反擊戰」。這些行動雖然沒有資料佐證，但從金日成考慮史達林的要求看來，應該是這樣沒錯。以史達林的角度來看，絕不能讓大家知道北韓先攻是因為有了蘇聯的支持。

李承晚於六月二十七日清晨逃離首爾，南韓軍隊也在同日放棄首爾，首爾於六月二十八日被北韓人民軍占領。北韓人民軍朝南方趁勝追擊。北韓在解放地區設置人民委員會，實施北韓式的土地改革及勞動法令。雖然北韓與南韓已經在各自的制度下過了五年，但北韓仍持續誇大朝鮮民主主義人民共和國的秩序。對北韓來說，占領首爾等同於恢復自己的首都。

聯軍統合司令部與仁川登陸作戰

美國推動聯合國安理會於六月二十五日採納譴責北韓侵略行為的決議，並於二十七日通過了聯合國會員國援助南韓的決議。六月三十日，美國政府決定允許東京的駐日盟軍總司令麥克阿瑟（Douglas MacArthur）派軍前往南韓，這個舉動跟史達林及金日成的預料相反。七月七日，聯合國決定設立聯合國軍司令部。

但這仍然無法抵擋人民軍的洶洶來勢。美韓聯軍在八月被逼迫至洛東江邊，人民軍則攻到望得到南海的地方。隨軍作家金史良曾寫道，「看得見海。看得見巨濟島。這正是南海的海啊」。統一只差一步了。但是人民軍的補給之路卻被切斷，麥克阿瑟於九月十五日於仁川登陸，從中攔截北韓軍隊的側腹，給北韓致命的一擊。人民軍整個崩盤，只好撤退。

占領首爾的北韓當局，帶走了很多人。除了支持北韓的國會議員，被認為有利用價值的人士也被一併帶走。這就是所謂的「拉北人士」。

之後，美軍與南韓軍於十月跨越三十八度線朝北前進。原本是為了阻止侵略的行動，但這次則是得到聯合國決議（十月七日）的支持，為了在整個朝鮮成立「統一、獨立、民主的政府」才攻北。某種程度來說，也朝著李承晚總統夢想的方向前進。十月二十日，美韓聯軍占領了平壤。

中國決定出兵

至此，戰爭進入了第二階段。金日成與朴憲永已於九月三十日聯名寫信給史達林請求援軍：「敵人……不斷進攻，當他們攻至三十八度線以北，已經沒有辦法單靠我們的力量來克服這個危機。因此，我們不得不向您請求特別的援助。」兩人還提到，若是「蘇聯軍隊無法直接出動」，則懇求出動中國或其他國家的「國際義勇軍」。十月一日朴一禹*帶著與金日成聯名的請求信抵達北京，內容是請求出動中國人民解放軍。史達林也打了封電報給中國領導層，要求他們出兵。

中國則以不放心的態度看待北韓軍隊的攻擊。美軍登陸仁川的作戰，正是他們所害怕的情況。毛澤東收到來自史達林的出兵要求信，於十月二日召開的中共政治局擴大會議上，打算做出派兵決定，卻沒辦法做到。隔天，毛澤東通知史達林，說黨內很多人反對派兵的計劃，遲遲無法決定。但是毛澤東知道一定要派兵，他認為美國與革命中國一定要來一次正面衝突，這是無法避免的宿命。

中國共產黨內部理所當然存在反對派兵的論調。毛澤東把彭德懷叫來，經過多次討論之後，終於在十月五日做出派兵的結論。八日下令成立人民志願軍，由彭德懷擔任總司令，並通知北韓中國即將派兵。同日，周恩來被派至蘇聯，為的是要蘇聯提供武器及援助空軍。周恩來跟史達林說中國最後決定派兵，希望蘇聯能夠協助，但是史達林說空軍援助的部分，只能在戰線後方提供。毛澤東得知這個結果，暫時中止了派兵計劃，但最後在十二日的會議上，仍決定參戰。

美中戰爭開打

十月十九日，中國人民志願軍十二個師跨越鴨綠江，另外六個師則於一星期後抵達。這批超過十八萬人的兵力，靜悄悄地接近美韓聯軍，並於二十五日開始加入戰鬥行列。美韓聯

彭德懷與金日成

＊編註：此求援信由金日成、朴憲永共同署名，寫於十月一日。根據十月二日周恩來所發〈關於朴一禹來京事給倪志亮的電報〉，北韓內政部長朴一禹持求援信於二日夜裡抵達瀋陽，三日至北京面見毛澤東，信上亦有周恩來註記「一九五〇年十月三日朴一禹面呈主席」。作者誤植為由朴憲永持求援信赴北京。

軍受到強烈的打擊，因而撤退。十一月八日，美韓聯軍反攻，中國軍則引誘敵軍進入自己的陣營，並於二十五、二十六日反擊。不知所措的美國總統杜魯門（Harry S. Truman）原本打算使用原子彈，但英國首相艾德禮（Clement Richard Attlee）奉勸他不要，因此作罷。十二月六日，受到強烈攻擊的美軍開始朝三十八度線撤退，中國軍隊則重新奪回平壤。

這場朝鮮內戰，從中國人民志願軍參戰那刻起，就轉變成美中戰爭了。美軍方面也以聯合國軍隊的身分獲得南韓軍隊的指揮權。中國及北韓方面，則在十二月成立了中朝聯合司令部。聯合司令部統一指揮朝鮮境內一切作戰及相關事宜，後方的動員支援前線、人員補充、訓練及地方行政的恢復等，則是北韓政府的工作。聯合司令部司令員及政治委員由中國人民志願軍司令員彭德懷擔任，副司令則是中國軍的鄧華及北韓延安派的金雄，副政治委員則是由延安派的元老朴一禹擔任。實際上，當中國軍隊進入北韓時，毛澤東希望由朴一禹接收中國人民志願軍，而朴一禹當時已是中國人民志願軍的副司令兼副政治委員。開戰當時他是北韓的內政部長、軍事委員會委員及政治局委員，可說是中朝聯合司令部內黨的第二號人物。另一方面，金日成雖然維持朝鮮人民軍最高司令官的頭銜，但是完全被排除在戰爭的作戰指導外，這對他來說是相當屈辱的事情。從組織來看，這場戰爭已成為美軍與中國軍的戰爭了。

此時，在十二月召開的黨中央委員會全員會議上，金日成與朴憲永讓前線指揮官負起戰敗的責任，解除了武亭、金一、崔光及林春秋的職務。

年底，士氣低落的美軍首腦認為，若是共軍再度南侵的話，最後就不得不撤離朝鮮半島。麥克阿瑟提出攻擊中國本土的意見，但被白宮拒絕了。中朝聯軍於十二月三十一日再次跨越三十八度線南侵，並於一九五一年一月四日再度占領首爾。

一進一退的攻防

至此，美國政府支持立即停戰的想法，對於由印度、加拿大及伊朗組成三人委員會所提出的中國妥協條件提案，也抱持著支持的態度。但是歡喜迎接勝利的毛澤東卻拒絕了。毛澤東於一月十四日拍電報給彭德懷，要他為「最後的戰役」、「最後的決定性戰役」做好準備。

美軍在第八軍司令李奇威（Matthew B. Ridgway）的指揮下，於一月二十五日發動攻擊。二月一日，中朝軍進行反擊，到了三月七日，美軍發動奇襲作戰，終於在十四日拿回首爾。中朝軍隊於月底被迫撤退至三十八度線以北。四月十一日，麥克阿瑟遭到杜魯門解除聯軍司令官一職，並由李奇威接任。中朝軍認為這是個好時機，於是在四月二十二日三度跨越三十八度線南侵。眼看著已經抵達首爾以北，卻在此時停了下來。這次換聯軍反擊，再度將中朝軍趕回三十八度線以北。此時，中國人民志願軍的一個師慘遭殲滅。六月中旬嘗試第四度南侵，但是卻沒有顯著成果。

推動停戰會談

蘇聯的史達林一直用不安的眼神觀察美國的一舉一動，因為他沒想過中國的參戰會取得韓戰的勝利。就算沒有麥克阿瑟，還是無法令人安心，一定要防止美國將戰爭擴大，出現攻擊蘇聯的情況。史達林認為該是進行停戰會談的時候了，因此在一九五一年五月，蘇聯駐聯合國大使馬立克（Yakov Malik）開始與美方進行接觸。三十一日，馬立克與凱南（George Frost Kennan）*會面。六月三日，金日成訪問北京，並與毛澤東進行會談。之後金日成與中國東北人民政府主席高崗一同前往莫斯科，與史達林進行會談。史達林跟兩位說明停戰「雖然是停止長時間的軍事行動，但是雙方仍然處於交戰狀態」，表明停戰會談已經啟動，而高崗與金日成接受了史達林的說法。史達林認為，一旦開啟了停戰會談，代表美國不可能將戰爭擴大至蘇聯境內，另一方面，一邊進行會談一邊戰爭，也能夠讓美國陷入疲憊狀態。因此史達林積極推動停戰會談。

起先，北韓人不太能夠接受停戰的提議。因為他們覺得國家沒有統一，就在此刻停戰的話，到底是為了什麼做了這麼多的犧牲。但是金日成考量到多方情勢，認為正如史達林及中國所說，一定得接受停戰會談的提議。中國人民志願軍代表與朝鮮人民軍代表在形式上，以平等的立場出席了停戰會談。

另一方面，美方不但不聆聽李承晚總統的意見，也不說服他，只是通知李承晚說要舉行停戰會談。停戰會談除了四位代表聯合國軍的美國將軍外，還有南韓的白善燁將軍出席。白將軍與李總統碰面時，李承晚說停戰會造成國家分裂，因此反對停戰，並要白將軍代替他出席停戰會談。

停戰會談開始

一九五一年七月十日，於開城召開停戰會談。李承晚於七月二十日寫信給李奇威，

*編註：美國外交家，於一九四六年向美國國務院發表了著名的「長電報」（the "long telegram"），深入剖析蘇聯，並提供對蘇聯的「圍堵政策」。凱南曾任職美國駐蘇聯大使館、國務院政策計劃室主任。一九五二年被任命為駐蘇聯大使。

內容如下：「分裂的朝鮮是破滅的朝鮮，經濟、政治及軍事方面都相當不穩定。」「朝鮮並未放棄成為實際獨立的國家，不是成為全民主，就是成為全共產的單一體制國。」這可說是整個朝鮮半島上朝鮮人的想法。

即使開啟了停戰會談，戰爭仍持續進行。陸地的攻防戰持續圍繞著三十八度線，美軍則持續從空中對北方進行轟炸。被排除在軍事統御之外的金日成集中力量在整頓國內體制來進行戰爭。北韓開始奪回被美韓聯軍攻占的地區，藉由整頓國內體制，一九五一年進行黨的重建，當時負責黨組織的黨副委員長許嘉誼遭到解任，被降為副首相。蘇聯派第一把交椅的許嘉誼，對入黨的審查相當嚴格，對於戰爭時期遺失黨員證的黨員處以嚴格的刑罰。金日成進行現地指導時，聽取黨員的不滿，批評了許嘉誼的路線，也因此直接掌握了整個黨。他同意大眾入黨，並取消對黨員的處分。

戰爭的最後階段

一九五二年年初，停戰交涉除了俘虜問題之外，幾乎沒有達成任何共識。美國提出應該依照俘虜的自由意志遣送的原則，但是雙方意見對立，交涉陷入僵局。代替李奇威成為新的聯軍司令官的克拉克（Mark W. Clark），從六月開始就對北韓進行猛烈的攻擊。水豐水庫遭到連續的轟炸，導致北韓喪失了百分之九十的電力。七月的平壤曾一天就發生一千二百五十四次空襲。根據平壤媒體的報導，死亡人數有七千人之多。

僅管如此，中國仍堅持要全力將俘虜全員遣送的原則。北韓則強烈希望盡快妥協，但也有人反對。金日成屬於妥協派，戰爭已經不可能勝利，而金日成是名目上的最高司令官。但另一方面，朴憲永執意要解放南方，希望戰爭能夠持續下去，然而北韓已處於危機狀態。根據一九五二年一月彭德懷的信函內容提到，一九五一年徵收了六十五萬噸的穀物，但是這占了整體農業收穫量很大一部分。現在人民有一成處於飢餓狀態，大部分的農民存糧只到四、五月，希望中國政府能快點送來承諾援助的三萬噸穀物。

金日成在平壤空襲之後，於七月十四日對毛澤東提出了美方的停戰交涉妥協案。但是毛澤東拒絕，並將這件事情告訴史達林，說金日成沒考慮中國的立場。史達林表示支持毛澤東，但是也可以看出他微妙的本意。史達林很明顯地同情金日成。美軍轟炸北韓，對北韓來說是極大受害，這也會提高蘇聯在援助北韓戰後復興的金額。事情很明顯地對蘇聯不利。

八月周恩來訪蘇與史達林會面時，史達林對周恩來說，「毛澤東認為戰爭繼續打下去對我們是有利的」，並說毛澤東是對的，他們必須要說服朝鮮人。但同時史達林也說朝鮮人處於喪失自我的狀態，並表示他的同情之心。周恩來說，「北韓領導人的心情有一部分呈現恐慌的狀態」，史達林則說，「這個心情可以從金日成送給毛澤東的電報中看得出來」。史達林覺得代替蘇聯參戰的中國相當有義氣，因此一定要支持中國。同時他又很同情金日成，因此認為停止戰爭也是好的。

與史達林再次會談

周恩來將金日成從北韓叫來，要他說服史達林。金日成與朴憲永一同前來。訪問莫斯科的金日成、朴憲永及史達林的會議記錄（一九五二年九月四日），被發表在美國《冷戰史國際計劃》最新一期十四／十五號上。周恩來與彭德懷同時出席，史達林先問說「朝鮮人民的心情如何」。金日成與朴憲永回答「心情相當振奮」。但是金日成又說，「除了空襲，整體的情勢有利於我們」。最後史達林明確提到，「中國人與朝鮮人對於與美方進行交涉的方式意見不合」。金日成的回答如下：

> 在我看來，這並非嚴重的意見對立。我們贊成中國同志所提的方式。但若是考慮到朝鮮人民的重大情況，我們希望能夠盡快簽署停戰協定。我們的中國同志也對此事抱持關心。

這真是出色的回答。而且在公布的記錄中，完全看不到中國的翻譯官師哲回憶中史達林說過的這句話：「沒必要同意美國的方案。這是立場的問題」。史達林在中國人面前，也表示對朝鮮的同情，並對朝鮮表示，停戰會談的協議是自己所提出的。金日成則重申自己與中國的意見相同，但也表現出政治智慧，期望能夠早日結束會談，很明顯地是想讓史達林留下好印象。另一方面，除了開頭的一句交談，始終保持沈默的朴憲永則不被史達林信任。

韓戰並未使朝鮮統一，以失敗畫下句點。這個失敗的責任該由誰來扛，這是史達林所關心的。隔年一九五三年一月開始，朴憲永及李承燁等南朝鮮勞動黨派，因為解放前的轉向，以及解放後的背叛，遭到追究及逮捕。南邊組織指導游擊戰爭的朝鮮勞動黨聯絡部則遭受毀滅性的打擊。若是沒有史達林的指示及同意，金日成是不可能做出這樣的舉動，若是史達林未曾思考停止戰爭一事，也不可能允許金日成殲滅南方游擊工作的負責組織。一九五三年二月，金日成將派至中朝聯合司令部的延安派朴一禹召回，並派崔庸健代替他的職位，因為金日成無法忍受朴一禹受到中國的特別庇護。

簽署停戰協定

中國的領導層眼看這樣的狀況，認為是時候該做出讓步，才能重啟停戰交涉。二月二十二日，美國提出了交換傷病俘虜的提案。三月史達林的逝世與葬禮，也成為中國與蘇聯協議自我方針的時機。史達林的繼承人都要求馬上停止戰爭。

一九五三年七月二十七日簽署停戰協定。先是聯合國軍司令克拉克及朝鮮人民軍最高司令金日成簽署，隔天則是中國人民志願軍司令官彭德懷簽署。南韓考慮到李承晚總統不期望停戰的意思，未舉行任何歡迎儀式，但北韓在七月二十八日，於平壤市中心聚集了十一萬名市民。金日成打敗美國，發表了「歷史上偉大的勝利」演說，其中提到「需知焚燒我們和平的都市及農村，使我們的土地變成一片廢墟的美國空軍基地就位在日本」。人民對於B29空襲的結束感到歡喜。

大量犧牲

這場為了實現民族主義者想重建統一的朝鮮民族國家的願望而開打的戰爭，不管是從北方共產主義者的角度來看，還是從南方的反共產主義者的角度來看，都以失敗收場。朝鮮內戰變成美中戰爭，以平手畫下句點。

犧牲是相當巨大的。美軍的死亡人數有三萬三千六百二十九人，其他聯合國軍則有三千一百四十三人死亡，南韓軍的死亡人數則高達二十三萬七千六百八十六人。一般民眾的死亡人數則不計其數，據推測有一百萬人。另一方面，中國人民志願軍的損失，則是十一萬六千人戰死，遭俘虜行蹤不明的則有二萬九千人。北韓沒有公布死傷人數，但據推測，軍隊與一般民眾的死亡人數，應該接近南韓的兩倍。

戰爭的結果，讓南北韓徹底地分道揚鑣。基督教教會從北方消失。韓戰爆發前一刻，北邊的教會仍發揮功能，教會學校也維持正常，但戰後卻完全被消滅了。而南方則是沒有共產主義者。一部分的人從北方逃至南方後，北韓剩下的人就以金日成為中心，團結一致，留下來的人是選擇之後留下來的。這場戰爭也產生了大量的離散家族，據說人數高達一千萬人。

金日成的政治勝利

戰爭意味著金日成軍事上的失敗，但結果卻導致金日成政治上的勝利。一九五三年三月，朴一禹被解除內政部長一職，改由蘇聯派的方學世接任，隨即遭到整肅。被降為副首相的許嘉誼，在停戰前夕，即七月二日自殺。他因為消極地看待朴憲永派的整肅而遭到批判。停戰後，李承燁等南勞黨派的十二人被視為美國間諜，於八月三日受到審判，最後十人被判死刑。被逮捕的黨與政府第二把交椅的朴憲永，在八月五日召開的中央委員會總會上，與其他國內派的幹部一同遭到黨的除名。黨副委員長則由國內派，同時也是北方出身的朴正愛、蘇聯派的朴昌玉，以及滿洲派的金一擔任，並與委員長金日成，以及延安派大老金科奉，組成五人的黨政治委員會。至此，南勞黨派、延安派、蘇聯派的大老都被逼退，第二把交椅也完全消失，更加強化了金日成的力量。但是實際上幫助他的，除了國內北部派之外，還是有延安派及蘇聯派的協助。

第四章

復興與社會主義化

（一九五三—一九六一）

復興中的平壤（蘇聯記者Nepomniashchii北韓訪問記內頁插畫）

戰後復興與社會主義各國的援助

戰爭結束後的北韓成為一片焦土，如同一九四五年八月日本戰敗的慘狀，平壤市內皆是殘破不堪的建築物。金日成的辦公室及劇場都設置在地底下。各地的都市景況也都相去不遠，全國的工廠及發電廠同樣慘遭破壞。

重建工作從零開始。蘇聯及東歐各國也看在社會主義陣營的面子，給予北韓豐厚的援助。蘇聯於一九五三年八月三日，決定提供北韓十億盧布無償的復興援助，並與東歐各國分擔復興援助的內容。平壤的重建幾乎與停戰同時開始，並由蘇聯予以援助。平壤的中心有一條南北向的史達林大道，將這條馬路拓寬後，在兩側打造了新的建築物。新設立的還有金日成廣場及比鄰的毛澤東廣場。這條大道與兩個廣場，象徵了北韓的重生。

第二個重要都市咸興的重建，則由東德負責。一九五四年十一月，第一批東德的重建隊抵達咸興，總共有一百八十八人。重建咸興所花的金額高達三億六千萬盧布。重建後的都市完全沒有朝鮮的感覺，而是充滿蘇聯或東德都市的氛圍。

中國也參與了這次援助的競賽。兩國簽署了《朝中經濟文化合作協定》，中國在韓戰中提供的物資及費用皆屬贈與，並從一九五四年開始至一九五七年的四年期間，提供人民幣八兆元的借款。駐留在北韓的中國人民志願軍也出力幫忙，為重建做了很大的貢獻。

中國軍的駐留

雖然停戰，但並不代表和平就此到來，只是停在不互相攻擊的狀態而已。位在北方的中國人民志願軍扮演了對抗南方美軍的角色。停戰當時，中國人民志願軍約有一百二十萬人。

聯合國軍司令仍握有南韓國軍的指揮權。據推測，戰爭時期北方的中朝聯合司令部也維持原狀。時至今日，研究員仍然避諱提起這件事。但是至少到一九五四年九月彭德懷歸國前，他仍以中朝聯合司令部司令員的身分，保有朝鮮人民軍的指揮權。隨著彭德懷歸國，中國撤退了七個師。一九五四年十月，人民志願軍司令員由楊得志接任。半年後楊得志也歸國，同時撤退了六個師。到了一九五五年底，中國更撤退了六個師。實際上，步兵六個軍、砲兵、高射砲兵，以及鐵道兵二十個師，早在停戰不久後就暗地裡撤兵。到一九五六年初為止，已經有九十五萬人撤退，剩下的兵力則為十五個師，共二十五萬人。

重建經濟

著手進行工業復興的同時，在農業方面，則嘗試了初步的合作社化方案。在一九五三年八月黨中央委員會全體會議上的報告，金日成認為，要讓人民經濟各部門同時進行全盤的建設復興是不可能的。要復興工業，應該首重「基本的工業設施」，換言之，就是製鐵、機械、造船、非鐵金屬、電力、化學、建設資材等重工業為優先復興對象。關於農業合作社化的部分，則提出了保守的方針，從一九五四年開始「承認土地及生產工具的私有化，並指定一部分的區域作為示範區，組織農業合作社」。這個報告只被稱為討論，當時並未發表。

然而，金日成於九月訪問蘇聯時，正好是在總理馬林科夫（Georgi Malenkov）提倡優先發展輕工業及大眾消費物資的生產不久之後，受到這個影響，金日成不得不修正他的方針。他於一九五四年一月的中央委員會的決議，提出農業合作社的三階段。第一階段是進行共同耕作，但是產物由各農家的「勞力互助班」取得；第二階段是提供所有地共同耕作，依照土地及勞動的比例分配產物的半社會主義型；第三階段則是共同擁有土地、農機具及家畜，依照勞動比例進行分配的蘇聯農業集體化。採取哪種形式則尊重農民的決定，不能強迫他們一定要轉換成高層次的形態。

一九五四年三月的中央委員會全體會議上，經濟閣僚換了新面孔。除了農業部長為滿洲派的金一之外，蘇聯派的國家計劃委員會委員長朴昌玉及輕工業部長朴義琓，以及延安派的財政部長崔昌益和商業部長尹公欽，四人皆屬輕工業優先派。於四月召開的最高人民會議上，採納了朴昌玉的經濟復興三年計劃。他強調要快速發展消費物資生產。

當時對於農業部分，皆抱持樂觀的看法。預測農作會豐收，會有三百萬噸的農穫，隔年會因合作社化及灌溉整頓，提升至三百五十萬噸。還能夠從中國進口二十萬噸的作物，因此完全不需要擔心配給的問題（《史茲塔雷夫大使日誌》一九五四年八月三十一日）。但這很明顯是幻想。

另一方面，因為戰爭導致經營困難的個人農戶，提出了合作社化的要求。同年十一月，已經有百分之二十一．五的農家參與了合作社。十一月的中央委員會全體會議上，農業部長金一做了大報告。金日成在總結時提到，不強迫農民一定要從一開始的勞力互助班「逐漸轉換至下一個階段」，而是以農民的幹勁為主。除了農民以外，其他全部採用第三階段的蘇聯農業集體化。並強化國家收購穀物的制度，提升農業集團化的速度，並從一九五五年開始朝全面性的蘇聯農業集體化的方向邁進。

穀物收購危機

但是實際上，農業陷入了嚴重狀態。從一九五五年起，穀物收購發生問題，導致穀物不足及糧食不足。於二月十二日召開的中央委員會常務委員會的決議提到，「因為政策進行的過程中犯了嚴重錯誤。結果造成多數的農民與都市居民，對於這個政策感到不滿」。這是因為過度預估穀物的收穫量，而實際上一九五四年的收穫量僅有二百七十萬噸。等同於現物稅上漲了四至六個百分比。不僅如此，多數的里或郡的工作員為了完成收購計劃，「不擇手段也要達成」。結果就造成了悲劇的產生。

一九五五年四月一日至四日召開了黨中央委員會全體會議。金日成認為收購穀物的失敗，是因為黨員的工作方法有誤。他在第一天進行了兩個報告，其一是「針對強化黨員的階級教育」，另一個則是「一掃黨與行政機關工作時的官僚主義」。受到注目的是，在前者的報告中，金日成強調「馬克思列寧主義的學說與原則」要與北韓「具體的實際情況做連結，進行研究及有創意的活用」，並主張「要一掃黨員全盤接收他國的黨的理論與鬥爭經驗的傾向」。

第二天的會議上，朴昌玉指出工業方面的缺失，並嚴厲批評一部分企業與領導幹部「掠奪與浪費」主義。「國家財產與合作社財產的掠奪，生產與建設現場的勞動力、資材與貨幣的浪費，跟這些東西鬥爭，是為了驅逐不合時宜的理念。我們必須要將這個鬥爭轉換成強而有力的人民運動」（蘇聯黨外國共產黨聯絡部資料）。

金日成的自主性主張與朴昌玉的經濟管理主張被同時提出來。

南日聲明的餘波

一九五五年二月二十五日，外交部長南日發表聲明，呼籲與日本政府開啟貿易及文化關係。南日之所以會發表這項聲明，是因為於一九五三年十月開始的日韓（南韓）會談，因日本首席代表久保田貫一郎全權特使肯定殖民地統治的發言導致會談中止。另外，一九五五

南日之墓

年一月蘇聯政府呈送書簡表明，將與日本進行外交正常化的交涉。北韓政府為踏出第一步，選擇將在日朝鮮人集體送回北韓。

韓戰後的東北亞情勢，在美國的支持下，日韓兩國朝建立外交關係的方向發展。對北韓而言，這個舉動也是為了對南韓主張北韓這個國家存在的優勢。因此，要是能從日本引進擁有高技術的人才，應該就會有意想不到的幸福發展。

批判蘇聯派的開始

儘管對外積極呼籲，但是國內在一片不安的情況下，也開始對掌握黨與政府的蘇聯派進行批判。當時在北韓的黨政內擔任要職的蘇聯派共有一百九十六人。問題一是這些人至今仍是蘇聯國籍。朝鮮勞動黨要求蘇聯將這些人的國籍改為朝鮮，蘇聯在十一月二十九日的最高會議幹部會上決定，承認這些人脫離蘇聯籍，也承認雙重國籍。但是就此更改國籍的人，至一九五六年三月底為止，只有六十七人，而選擇雙重國籍的則有二十四人。當金日成從蘇聯大使伊凡諾夫（Vasily Ivanovich Ivanov）那兒得知幹部會的決定時曾說過，在北韓擁有領導地位的蘇聯派，皆應該取得北韓國籍（《伊凡諾夫大使日誌》一九五五年十二月一日）。因為國籍變更的問題，讓金日成開始萌生某種不信任感。

蘇聯派的人多半能力佳，經驗豐富，因為蘇聯占領軍的背景而位居要職，並發揮力量。但也因為自大的態度，有不少人遭到反彈，還發生過貪污事件。一旦發生問題被降職，就會說要回去蘇聯。

蘇聯派領袖許嘉誼自殺後，由朴昌玉及朴永彬兩位強者出線。滿洲派的崔庸健、延安派的崔昌益，以及國內派的鄭一龍，都主張應該將兩人解任，但是金日成卻提拔兩人，讓他們擔任重要職位。朴昌玉擔任副首相兼國家計劃委員會委員長，成為金日成的親信，受到強烈的支持。而黨宣傳煽動部長朴永彬也兼任黨政治局委員。

金日成開始對朴昌玉感到不滿，是一九五五年年初的事。金日成提議讓崔庸健加入黨政治委員會，遭到朴昌玉的反對，但政治委員會的成員，除了朴金喆以外，皆反對此案，因此這應該不是金日成對朴昌玉不信任的原因。雖然沒有證據，但據我推測，如果金日成對蘇聯派產生警戒心的話，很有可能是來自蘇聯要拯救朴憲永性命的壓力。

此時的朴憲永仍在獄中。他自始至終否認自己是間諜。根據內政部副部長姜尚昊的說法，在史達林死後，蘇聯的新政府於一九五四

朴憲永

年春天派了調查團要調查朴憲永一事。金日成則以干涉內政為由，拒絕重新調查朴憲永事件。之後蘇聯也透過外交施加壓力（《中央日報》一九九三年七月二十六日、八月二日、九日）。如果蘇聯欲施加壓力，很有可能透過蘇聯派的人來進行，為此金日成可能已經做好萬全的準備。

一九五五年十二月黨中央委員會全體會議

黨中央委員會全體會議於十二月二、三日召開。在會議上，首先由農業部長金一針對農業復興及開發進行報告，並以此為本進行表決。接著金日成發表了「黨的組織規律」的演說（蘇聯黨外國共產黨聯絡部資料）。這個演說在北韓沒有公開，內容是金日成對朴一禹及許嘉誼的批判。

朴一禹於一九五三年二月之後擔任遞信部長，但在全體會議召開之前遭到解任。金日成批評朴一禹的人格有缺陷，說他是一家主義、派閥主義，還說他完全不參與中朝聯合司令部的活動，被召回之後遭到降職一事感到不滿等。金日成也批評一九五三年自殺的許嘉誼，說他居然原諒了道德墮落的金烈。批評許嘉誼的同時，也順道批評了朴永彬。金日成批評他擔任黨組織指導部長時的人事制度，也批評朴憲永派的林和與李泰俊等人擁護「反動文學」一事。關於這一點，蘇聯派的奇石福、鄭律（鄭尚進）、田東赫也被金日成視為同罪。不過金日成完全沒提到朴昌玉。

這次的演說並非批判整個蘇聯派。金日成在最後提到「不管是來自蘇聯的同志，來自延安的同志，國內的同志，待過游擊部隊的同志，大家從事的都是革命活動」，「如果只以經歷或從事革命活動的場所來判斷一個人，這是不正確的」。

在全體會議上朴一禹遭到黨除名，並解除中央委員的職位，而蘇聯派的前黃海道黨委員長金烈，則因濫用權力，以及蹂躪三十多名女性的貞操，被開除黨籍，解任中央委員，更決定以人民裁判制裁他（勞動黨《決定集》）。除此之外，還決定了以下的人事異動：崔庸健及朴金喆擔任黨副委員長，並由延安派的林海擔任檢調委員長。宣傳煽動部長朴永彬遭到解任，並由李一卿接替他的位子。幹部部長韓相斗轉任組織部長，李孝淳則被任命為幹部部部長。在普天堡戰役時，朴金喆與李孝淳皆為朝鮮甲山郡的共產主義者，被稱作甲山派，曾協助金日成的部隊。而韓相斗與李一卿則屬於北韓的國內派。

許嘉誼

但是蘇聯派整體的問題仍然存在。十二月五日，金日成召集了擔任副首相及各部會副部長的蘇聯派人員開會，並以蘇聯最高會議幹部會的決議，要求他們盡快取得北韓國籍（《伊凡諾夫大使日誌》）。

十二月十五日，對朴憲永召開了非公開的裁判。朴憲永完全承認起訴書的內容，當天就被判了死刑。審判長為崔庸健，推事為甲山派的前最高裁判所長金翔善、蘇聯派的內政部長方學世、國內派的最高裁判所長趙誠模，再加上延安派的林海，檢查官則為甲山派的檢察總長李松雲。從上述名單可以看出，國家傾全力要置朴憲永於死地。這個結果也被報導在《勞動新聞》中。人人皆繃緊神經，陷入尋找下一個背叛者的氣氛。

另一個十二月會議

於十二月二十七與二十八日，召開了另一場十二月會議，這是超過四百人參加的黨中央委員會擴大常務委員會會議。會中由文學界針對黨的路線，對蘇聯派幹部的行動進行批判（《伊凡諾夫大使日誌》十二月二十九日）。在會議上朴昌玉與朴永彬被迫批評自己的文學政策。奇石福、鄭律、田東赫也不得不自我批判。作家同盟的韓雪野及李箕永，批評他們支持來自南方的「間諜」林和，以及「資產階級作家」李泰俊和金南天，是不像話的事情。朴昌玉遭到問題的連環攻擊，也被批評是否想成為國家的第一人或第二人。會議的最後金日成站起來，用比在中央委員會全體會議還尖銳的語氣進行攻擊。他一口氣舉了十五名蘇聯派的人名，都是許嘉誼的支持者。金日成的演說日後被送往各地的黨委員會，並在集會上公開宣讀。

但是在這次會議上並未討論出有組織的結論。金日成在會議結束後，與朴昌玉討論了五小時，並對他說「這件事就到此為止。你在副首相及國家計劃委員會委員長的位置上，要積極地做事」。因此，這時候並非決定性的對立。

關於這次會議的召開，以及金日成的演說，在當時都沒有公開。到了一九六〇年五月，才公開了這篇於一九五五年十二月二十八日在黨宣傳煽動活動者面前所發表的「主體」演說文本。今日的研究人員認為「主體」是在擴大常務委員會發表的演說文本，但主張民族自主的「主體」演說，不可能在一九五五年就已形成。

隔年，一九五六年一月八日召開的黨中央委員會常務委員會上，以「在黨的思想戰線與文藝政策上犯了反對黨的錯誤」為由，解除了朴昌玉及朴永彬政治局委員的職位，奇石福也被解除中央委員的職務。關於奇石福、鄭律及田東赫的錯誤，則表明日後再進行討論。祭出這次處分決定的常務委員會，主張應該堅守文學藝術的「黨派性、階級性、人民性」的原則（勞動黨《決定集》）。朴昌玉則辭掉國家計劃委員會委員長一職，轉任機械工業部長。

批判史達林的影響

到了二月底，在蘇聯共產黨第二十次代表大會上，對史達林的個人崇拜遭到批評的消息，讓北韓相當震驚。代表朝鮮勞動黨參加大會的崔庸健與李孝淳等人於三月初回國，聽取報告的金日成也受到很大衝擊，因為他相當崇拜史達林。但另一方面，也有不少人對這則消息懷有很大的期待。大多數的領導幹部對於第二十次代表大會的決議是「討論出必要的結論」，但是朴昌玉卻跟蘇聯大使館員說：「金日成也會從多個面向改變領導的形態與方法」。

聽取第二十次黨代表大會代表團報告的中央委員會全體會議於三月二十日召開。崔庸健進行了長達三小時的大型報告。他詳細介紹了赫魯雪夫（Nikita Khrushchev）中央委員會的報告，同時也介紹了蘇聯部長會議第一副主席米高揚（Anastas Mikoyan）演講內容的一部分：「過去二十年間，共產黨實際上並沒有集體領導……只是一味助長個人崇拜而已」。但是崔庸健認為，朝鮮勞動黨與蘇聯共產黨不同，強調朝鮮勞動黨「自從創立以來，就視黨領導的最高原則為集體領導的原則，並遵守這個原則」。接著換金日成上台，他提到個人崇拜問題時說，雖然有一部分同志常過度談論他，但他認為朝鮮勞動黨的個人崇拜，應該是指對朴憲永的崇拜。崔庸健與金日成決定以「個人崇拜」是蘇聯的現象，但是北韓的金日成崇拜並非「個人崇拜」的論調，來處理整件事情。

但好戲卻在後頭。那就是李孝淳朗讀了整篇赫魯雪夫祕密報告的韓文譯本，這很明顯地是在演戲。報告結束之後沒有進行任何討論，金日成只說了「從赫魯雪夫同志的報告中，我們可以得知個人崇拜的害處，及可能會導致的危險結果。每一位黨員都應該要深知這件事情」之後，就散會了（《伊凡諾夫大使日誌》三月二十一日）。

北韓一方面接受蘇聯否定史達林列寧領導的集體性原則，否定合法性，認為個人崇拜是錯的，並強調自己有的只是對朴憲永的個人崇拜，而這個方針也被寫進朝鮮勞動黨在四月初送往各地方組織的祕密書簡〈蘇聯共產黨第二十次代表大會上有關赫魯雪夫報告的諸多問題〉裡。為了歡迎布里茲涅夫（Leonid Brezhnev）*，於四月二十三至二十九日召開了朝鮮勞動黨第三次代表大會，金日成的報告也呼應了前面的方針。但是在大會報告上，金日成還批判黨的「思想活動居然沒有負責的主體」，「不管符不符合我國國情，只是一味地接受他人的東西，囫圇吞棗的方式，不是我們的作法」。這裡提到的

* 編註：蘇聯共產黨中央主席團委員及中央書記，於史達林死後曾短暫支持赫魯雪夫。

「主體」主張，指的是對蘇聯共產黨個人崇拜的批評並不適用於北韓的意思。

大會上，布里茲涅夫提到集體領導的原則是「唯一且正確的道路」，並要求黨大會協助各個黨機關「樹立完整的列寧式集體領導原則」。這很明顯地是蘇聯共產黨對朝鮮勞動黨施加壓力，要他們採納批評史達林的政策。

在大會的決議書內，承認肅清了朴憲永、許嘉誼及朴一禹等「反對黨的分裂分子」，遵守「集體領導的原則」，「反對個人崇拜的思想」，並批評黨「遺忘自己的主體，只是一味接收他人的東西」。關於被採納的黨章修正案，則補充了「黨的最高指導原則是以列寧的集體領導原則」為基礎。

人事方面，則由崔庸健、朴正愛、朴金喆、鄭一龍及金昌滿擔任中央委員會副委員長。七十一名中央委員中，滿洲派有八人，甲山派則增為三人，以延安派的十九人最多，蘇聯派也有九人。常務委員則是金日成、崔庸健、金一、金光俠（滿洲派）、朴金喆（甲山派）、金科奉、崔昌益、林海（延安派）、南日（蘇聯派）、朴正愛、鄭一龍（國內派），候補委員則有李孝淳（甲山派）、金昌滿（延安派）、朴義琓（蘇聯派）及李鍾玉（國內派）。很明顯地可以看出排除蘇聯派。

大會結束後的黨常務委員會上，金日成提到，有一部分的幹部與外國人會面，這不太恰當，因此希望往後透過外交部及貿易部，才能與外國人會面。

金日成不在，反對派集結

六月一日，金日成受蘇聯邀請，正式前往蘇聯、東歐及蒙古訪問。於莫斯科聽了赫魯雪夫及米高揚的批評，不得不表示會做反省。而東歐的匈牙利及波蘭，也都處在騷動的狀態，整個旅途可說是很不安。

當金日成出訪在外，國內則開始醞釀集體採取行動，批評並計劃推翻金日成的個人崇拜。延安派的副首相兼財務部長崔昌益、商業部長尹公欽、朝鮮職業總同盟委員長徐輝、黃海南道黨委員長高峰基、國內派的前內政部副部長李弼奎、蘇聯派的建設部長官金承化，以及副首相朴昌玉等人合流，與為了出席第三次代表大會而歸國的延安派駐蘇聯大使李相朝進行會談。延安派的長老金科奉也支持這次行動。

最早的行動由李相朝在莫斯科進行。五月二十九日他拜訪了蘇聯外交部次長費多連科（Nikolai T. Fedorenko），說明金日成個人崇拜的情形、對歷史的扭曲，以及內政機關的違法行為等等，同時要求蘇聯共產黨要對朝鮮勞動黨領導層，特別是金日成，進行「重大的思想意識及政治性援助」。但是蘇聯對此卻不動如山。

當金日成出訪在外時，平壤反對派也對蘇聯大使館採取行動。根據蘭科夫的研究指出，七月十四日，李弼奎與代理大使佩特洛夫（A. Petrov）會面，由此可知，這個集團是想將金日成排除在領導層之外。為了達成這個目的，有兩條路可以選：一條是透過黨內爭論、批判與自我批判的路，另一條則是暴力改革的路。但因為前者不可能實現，因此只能選擇後者。為此李弼奎認為中國人民志願軍會協助「事前所需的地下工作」，但是為此做了多少準備則令人質疑。

八月中央委員會全體會議

結果採取了第一條路線——批評與自我批評的路。金日成一歸國，崔昌益於七月二十日公然向金日成表明無法信任朴正愛、朴金喆、鄭一龍、金昌滿及鄭準澤等人，因為他們在殖民地時期曾經協助過日本（《伊凡諾夫大使日誌》）。這很明顯地是向金日成宣戰。

八月二十一日與二十三日召開的黨常務委員會成為對決的場合。崔昌益提案換掉鄭準澤，對朴正愛及鄭一龍提出負面評語，並攻擊了朴金喆。金科奉認為朴金喆應該辭去黨副委員長一職，很明顯地與崔昌益站在同一邊。金日成調查了這些人的資料，但以沒有證據為由提出反論，擁護了黨領導層。對立的情況已經嚴重到無法修補的地步了（《伊凡諾夫大使日誌》八月二十四日）。

儘管如此，二十八日，崔昌益與金科奉仍出席討論金日成報告案的黨常務委員會，並對報告案進行批評，但最後仍同意了報告。金日成派則採取對抗的措施，將反對派的金承化派到莫斯科的社會科學大學做研究，並強烈要求朴義琓不要在全體會議上發言等（《伊凡諾夫大使日誌》八月二十九日）。

八月三十至三十一日召開了中央委員會全體會議。首先由金日成針對蘇聯及東歐旅行做了長篇報告，報告最後，他重申自己對個人崇拜問題的看法。反對派完全沒有採取任何行動。第三位討論者尹公欽在一片罵聲中提到，他在第三次黨代表大會上感受不到蘇聯共產黨第二十次代表大會的精神，黨中央委員會並沒有忠實呈現馬克思列寧主義的思想，並認為任命崔庸健為勞動黨副委員長，有違黨內民主。崔庸健罵他「你是狗」，尹公欽就沒再繼續發言下去。崔昌益趕緊擁護尹公欽，但是他的發言也被輕易打斷。

反對派的敗北

尹公欽、徐輝及李弼奎三人眼看情勢不利，因此沒有出席傍晚的會議。在傍晚的會議上，持續批判尹公欽。但這回崔昌益採取保守的態度，認為黨的政策雖然正確，但是不得不提及個人崇拜，說這會成為黨的病灶，他更指出黨中央委員會每個人所犯的錯誤。他結束一連串的提問後，換金日成發言。金日成斷言對黨領導層不滿的中心人物，正是崔昌益及朴昌玉，並指出有傳言說不滿勢力的領導層訪問蘇聯大使館的傳聞。這時朴昌玉站起來澄清自己跟任何派系沒有關係，但因為會場一片罵聲，讓他無法繼續發言下去。最後金日成提出對崔昌益及朴昌玉等人進行組織性的處分。這個提議最後被採納了（《伊凡諾夫大使日誌》九月一日）。尹公欽、徐輝、李弼奎以及金剛，在當晚跨越鴨綠江，逃往中國。事情就這樣粗率地結束了。

決議中斷定四個人企圖以「宗派的陰謀」、「反黨的陰謀」，拉攏平壤市黨委員會、黃海南道黨委員會，以及人民軍一部分的勢力，在全體會議上出其不意地進行攻擊，只要讓中央委員會混亂分裂的話，就能夠召集平壤市內的熱血人士開會，黃海南道也能從旁協助。結果崔昌益被解除常務委員、中央委員及副首相的職務，朴昌玉被解除中央委員、副首相及機械工業部長的職位，尹公欽、徐輝及李弼奎則被解除所有職位、開除黨籍（勞動黨《決定集》）。

蘇聯、中國的介入

反對派失敗之後，轉而拜託蘇聯共產黨。九月三日，李相朝提交了一封寫給朝鮮勞動黨中央委員會的信函給蘇聯領導層，內容為彈劾金日成。這封信函被下斗米伸夫發現，並首次公開發表。李相朝詳細描述了金日成個人崇拜的情形，金日成等人雖然說在朝鮮黨內並不存在個人崇拜，但是「對金日成與他的支持者而言，第二十次大會的文書比老虎還可怕」。的確如李相朝所指出，社會主義的合法性遭到踐踏一事相當嚴重。李相朝認為歷史被扭曲，並批評把金日成的滿洲抗日武裝鬥爭當作朝鮮人民的民族解放鬥爭史，並說普天堡戰役只不過是三位警官被殺死的小戰鬥而已。事實雖是如此，但是他沒有提到這場戰役讓金日成的名聲響徹全朝鮮，很明顯地是理解不足。最後他相信反對列寧的黨原則者會被定罪，請求將這封信函讓整個中央委員會及候補委員知道。

但是這份文書，實際上是寫給蘇聯共產黨中央委員會的信函。收到這封信後，九月六日蘇聯共產黨政治局針對北韓的情況進行討論。結果，前往中國共產黨大會的米高揚接到指示，說要與北韓「認真地進行討論」，也被指示要與中國在北京進行「意見交換」。

中共的第八次全國代表大會於九月十五日召開。蘇聯代表米高揚及中央委員會書記波諾馬雷夫（Boris Ponomarev）抵達北京，與毛澤東會談，決定介入北韓，並派遣了兩黨代表團前往平壤。中國的代表為國防部長彭德懷與總參謀長聶榮臻。毛澤東與米高揚會談中，嚴厲批評金日成，並認為應該將金日成調離現在的職位。

九月中央委員會全體會議

代表團於九月十九日從北京出發，當天就進入平壤。但是一抵達平壤，馬上就知道不可能將金日成弄下台，因為金日成已完全掌握整個黨。因此中蘇兩黨的代表尋求將整件事恢復原狀。朝鮮勞動黨不得不屈服這個決議。九月二十三日，中蘇代表出席了朝鮮勞動黨中央委員會全體會議，金日成在會中進行報告，提議撤銷脫逃的四人以及延安派成員的除名處分。「他們既然不是敵人，我們就該用同志的細心，給他們時間及機會改正自己的錯誤」（蘇聯黨外國共產黨聯絡部資料）。關於此事，八月會議並沒有慎重處理決議的內容，犯錯的同志承認「以教導的方式進行改變的努力仍嫌不足」。黨內發生的問題不應「以組織及行政方法來處理，應該用廣泛的批評與討論方法釐清事情」，「擴大黨內民主主義，強化黨內批評與自我批評，特別是下屬的批評」，並努力「提升黨員大眾的積極性」（勞動黨《決定集》）。金日成跟米高揚及彭懷德約好，會公開八月及九月中央委員會全體會議的資料，也約好會讓朴一禹前往中國。中蘇代表在當日即歸國。

《勞動新聞》在九月二十九日刊登了九月全體會議決議的簡短報導。內容提到，關於崔昌益及朴昌玉的紀律問題，已於八月全體會議上進行再審議。他們雖然犯了重大過錯，但是應該寬容地接納他們，並給他們自我反省的機會。為了讓他們重返正確的道路，決定取消他們的處分。

蘇聯與中國雙方皆要求北韓公開九月全體會議的資料，但是北韓卻一再拖延，朴一禹也未能出國。十月發生了匈牙利事件*，赫魯雪夫又自稱是「史達林主義者」，金日成等人的態度也有所轉變。蘇聯政府針對十月二十三日發生的匈牙利事件發表聲明，開頭就先自我批判「違反了與社會主義國家之間的平等關係原則」。這個聲明也受到北韓的歡迎。因為此事，九月全體會議的資料最後未被公開。這次準備對反對派進行徹底的追究。

蘇聯派、延安派的壓制與流放

從一九五六年十二月開始進行黨證交換作業。這原是用來舉發及整肅黨內不純分子的一般作業，但在八月反對派事件後，與反對派的關聯必定被視為重點。隔年，開始對金日成綜合大學校長俞成勳（蘇聯派軍人俞成哲之兄）及歷史學者李清源進行個人批

*編註：又稱「一九五六年革命」，起於十月二十三日晚間在布達佩斯，抗議蘇聯入侵及匈牙利政府的親蘇政策之學生運動，結束於十三天後蘇聯軍隊入駐及匈牙利政府的鎮壓行動。

判。來自南方並生存下來的李清源，他與延安派崔昌益的關係被視為問題。之後遭逮捕的人不斷增加。因為匈牙利事件的影響，也對來自南韓的間諜潛入反革命組織採取警戒措施。一九五七年五月三十一日，以金日成的名義發表了黨常任委員會的決議：「強化與反革命分子的鬥爭」。

一九五七年七月正式開始逮捕反對派，根據蘇聯得到的情報，至八月底就逮捕了六十八人。擔任地方水泥工廠負責人的朴昌玉，以及從事歷史遺產保護相關工作的崔昌益，皆以「人民的敵人」為由遭到逮捕。八月十九日，金日成激動地對蘇聯的新任大使普札諾夫（Alexander M. Puzanov）提到，反對派打算推舉金科奉為黨委員長，並由崔昌益擔任首相、李相朝擔任外交部長、李弼奎擔任內政部長，組織新政府。他們於八月十五日抗議活動時，計劃襲擊幹部講壇，並逮捕領導階層（《普札諾夫大使日誌》）。

同年十一月，適逢俄羅斯革命四十週年紀念，在莫斯科召開了世界共產黨會議。此時毛澤東與金日成會面。會上毛澤東對一九五六年介入一事感到抱歉，這讓金日成感到相當開心。金日成回國後，於十二月召開了中央委員會全體會議。反對派中完全投降的高峰基的「自白」透露，他們打算推舉朴一禹為黨委員長，並由崔昌益、朴昌玉及金承化擔任副委員長。內政部長方學世認為這是武裝起義的陰謀。延安派的長老金科奉雖然已被解除所有職位，但是仍遭到批評，因此他發表了澄清及自我批判的談話。這場全體會議成為整肅反對派的「下一波行動的暗號」（蘭科夫）。之後即進行大規模的逮捕行動。延安派的成員幾乎全部入獄，軍隊中延安派的人也被徹底整肅。蘇聯派有五十人左右遭到處刑或消息不明，另有二百五十人返回蘇聯。

一九五八年三月，召開了第一次黨代表會議。朴金喆做了「進一步強化黨的團結合作」的報告，這是肅清反對派的總結。審判工作被延後，直到一九六〇年二月才進行了非公開的審判。被告三十五人，其中二十人被判死刑，朴昌玉及崔昌益也包含在內。金科奉在這之前早已病逝。

而整件事背後的推手，正是蘇聯派的內政部長方學世。黨內的推手則是朴金喆、李孝淳，以及金日成的弟弟金英柱。掃蕩蘇聯派及延安派後，負責黨各機構運作的，是戰爭前後前往莫斯科留學，並在史達林死前歸國的年輕菁英。於一九五七年成為黨組織指導部長的金英柱，就是代表之一。除了金英柱，還有一九五八年從黨宣傳煽動部次長升任部長的金道滿、從民主青年同盟委員長轉任黨國際部長的朴容國、金日成的思想祕書黃長燁、一九六〇年擔任《勞動新聞》主編的許錫宣，以及擔任黨學校教育部長的高赫等。

從一九五五年開始，金日成兼任黨主席及首相一事，一直被視為問題，但是經過這次整肅，問題解決了。這件事原是因為受到蘇聯的黨第一書記不能兼任總理的影響，北韓才針對這個問題進行討論。金日成希望崔庸健擔任首相的想法遭到大家反對，因此遲遲沒有進展。蘇聯在一九五八年三月，由赫魯雪夫重新兼任總理，因此北韓不再討論這個問題。

社會主義體制的成立

北韓從一九五七年開始進行第一次國民經濟發展五年計劃。以國有化的工業為基礎，進行有計劃的復興及建設工作，整個過程相當順利。以一九四九年的生產量為基準（一百），戰爭結束後的一九五三年則降至七十五，而三年計劃的結果，到一九五六年提升至一百六十二，一九六〇年更提升至三百六十四。

農業合作社化的比率，也從一九五四年年底的百分之三十・九，提升至一九五六年年底的百分之八十・九。到了一九五七年年底甚至接近百分之百。金日成在這年的十二月二十日發表演說，提到「朝鮮人民不久之後，就能夠吃白米飯，喝肉湯，穿絹衣，住有屋頂的房子了。這不是空想，而是明天就會實現的真實」（《金日成著作集》十一卷）。個人經營的手工業或工業部門，也都完全合作社化。至此達成了社會主義化，國家社會主義體制架構就此完成。

一九五八年六月的最高人民會議上，金日成提到「所有的勞動者都要回應黨的呼籲，帶著騎千里馬馳騁的氣勢，朝著社會主義前進」。也因為這句話，從一九五九年開始進行了「千里馬」運動。這始於一九五九年三月九日降仙製鋼所的一個作業班提出的「千里馬」作業班運動。千里馬是朝鮮的傳說中，一天能夠跑千里的馬。因此這是帶著騎千里馬的心情，排除所有消極主義，以提高產量的運動，可謂北韓版的斯達漢諾夫運動。到了一九六一年，在平壤市內的山丘上建了「千里馬」銅像，馬背上有翅膀，宛如希臘神話的飛馬佩加索斯。因此，「千里馬」其實不能算是朝鮮的傳統象徵。

千里馬像（1961年4月15日竣工）

中國軍撤退

八月的反對派曾經打算利用中國人民志願軍發動軍事政變，若真是如此，那麼中國軍的撤退就不能再拖延了。因此，北韓政府在一九五七年要求進行中國軍撤退的交涉。一九五八年二月十四日，周恩來訪朝，開啟了關於中國人民志願軍撤退的協議。二月十九日，中朝政府發表共同聲明，人民志願軍以自主撤退的方式，正式撤離朝鮮。中朝聯合司令部應該是在此時瓦解。到了隔天二十日，人民志願軍總部發表聲明，表示會在一九五八年內全面撤退。實際上第一批六個師，總計八萬人在三、四月撤退，第二批六個師，總計十萬人在七、八月撤退，最後第三批的志願軍總部及三個師，總計七萬人在十月撤退。至此所有中國人民志願軍正式退出朝鮮。

來自日本的歸國船隻抵達

好像是代替撤退的中國軍人似的，從日本搭乘歸國船的在日朝鮮人九百七十五名，於一九五九年十二月十六日抵達清津港。根據隔天的《勞動新聞》報導，市內出現「彷彿過節般的」人潮，聚集了五萬多名歡迎的群眾，碼頭邊則來了一萬多名群眾，將碼頭擠得水泄不通。前來迎接的有在外朝鮮公民中央應接委員會歡迎團團長兼副首相李周淵、外交部長朴成哲、民主黨委員長康良煜、最高人民會議常設委員會副委員長韓雪野、祖國戰線議長團議長金天海，以及朝鮮紅十字會委員長金應起等人。社論的標題為「在日朝鮮公民歸國——這是我民族史上值得紀念的事情，也是一大喜事」。第二頁則以「投向祖國的懷抱」為題，記載了歸國者的訪問內容。其中刊登了婦人的訪問：「我有六個孩子，每次只要想到他們的將來，我就感到心痛。為了他們，我想趕快回到祖國」，還有老人提到「想長生不老」，以及少年說「想學習」的內容。

十二月二十一日，歸國者抵達平壤，受到十五萬市民的歡迎，歸國者代表則與金日成會面。金日成提到，「戰爭之後，因為國家的事情很辛苦……但是，戰後我們這些勞動者聚集起來，守在黨的身邊，成功達成了三年人民經濟計劃，而第一次的五年計劃也在兩年內達成。現在我國的狀況改變了……大家可以好好地吃飯，過著平安的日子了」。

在這個狀況下，在日本辛苦生活、受到差別待遇而絕望的在日朝鮮人，在北韓看到了希望，因此發起了數萬人規模的民族遷徙。歸國者在隔年的一九六〇年，一舉躍升至四萬九千零三十六人，一九六一年人數雖然減半，仍然有二萬二千八百零一人。對此，金日成的方針是全盤接受「回到祖國溫暖懷抱」，沒有限制想要歸國者的人數，不需要審查就可以返國。這對跟外部劃清界限的國家社會主義國來說，是相當特殊的作法。美國、日本及南韓的情報機關不可能放過這個機會。然而，戰爭結束後七年的北韓現況，跟歸國者夢想的充滿希望的土地，實際上有一段很大的落差。

另一方面，一九六〇年四月，南韓發生了打倒李承晚總統的學生革命。一名中學生在抗議李總統選舉舞弊的馬山現場遭到殺害，遺體從海上被打撈起，這件事引起全民憤慨，四月十九日首爾的學生們奮起，展開了抗議示威，導致一百八十六名學生死亡。二十五日，為了替學生報仇，改由教授團出場，結果李承晚辭職後出國。這是朝鮮半島擁有新希望的時刻，而學生群中也有人提出南北接觸的意見。

主體宣言

一九六〇年，金日成靜悄悄地發表了主體宣言。「主體演說」曾於一九五五年十二月發表，並收錄在一九六〇年五月出版的《金日成選集》第四卷之中。這應該是金日成的思想祕書黃長燁替他寫的新文章，內容統整了一九五五年至當時的立場。

> 黨的思想活動主體是什麼？我們不是在進行他國的革命，而是朝鮮的革命。這個朝鮮革命，才是黨的思想活動主體……只要去一趟人民學校，校園內裝飾的照片是馬

雅可夫斯基及普希金*，都是外國人的照片，完全沒有朝鮮人的照片。我們如此教育孩童，真的能夠培養出民族的自負嗎……有人覺得蘇聯式好，有人則說中國式好，但我認為，是時候創造「我們式」（專屬我們的方式）了。

在完全排除蘇聯派及延安派後，一九六〇年當時，金日成提倡要創造「我們式」的體制，並在中蘇兩國關係上主張自主的立場。

到了一九六〇年二月，金日成在平安南道青山里的村落，提出農村工作的精神與方法：「青山里精神」及「青山里方法」，也代表了「主體」精神的正式出現。上級機關要協助下級機關，並引導出大眾的欲望及熱情的內容，雖然平淡無奇，但特徵在於這是金日成獨自開發的。

一九六一年十二月金日成在平安南道的大安電機工廠停留時，提出了「大安事業體系」。內容是廢除企業負責人的單獨責任制，全部由黨委員會來進行一元化的領導，而這也被宣傳為金日成獨創的方法。

*編註：馬雅可夫斯基（Vladimir Mayakovsky）及普希金（Alexander Pushkin）皆為蘇聯著名詩人。

同時簽署兩個相互援助條約

然而，「主體」的立場被發揮到淋漓盡致，是同時與中蘇兩國締結安全保障條約的時候。關於中國人民志願軍撤退後的國家安全保障，金日成打算請中蘇雙方給予安保支援。他首先遊說蘇聯。在一九五八年二月的中朝共同聲明中提到，若是發生危急情況，會讓中國軍進入，但根據特卡琴科（Vadim Tkachenko）的研究指出，金日成向莫斯科透露，不知道中國軍進入一事是否值得期待。交涉的結果，赫魯雪夫同意於一九五九年訪問平壤時簽署條約。但是赫魯雪夫在同一年訪問美國，之後又訪問北京，因此以行程太滿為由，沒有實現先前的約定。

一九六〇年五月，金日成祕密訪問北京。無法得知他當時如何交涉，但應該是針對與莫斯科的交涉做說明，並提出希望與北京簽約的請求。根據特卡琴科的研究，金日成在同年六月也祕密訪問莫斯科，並對赫魯雪夫說中國企圖讓北韓對抗蘇聯黨領導階層，但自己卻拒絕了。他更提到，南韓已經提出裁軍案，將七十萬人的軍隊縮減至四十萬人，朝鮮人民軍有三十二萬，國境警備軍有六萬，我們也應該縮減兵力才對。赫魯雪夫原本預定在這年九月訪問北韓時，按照先前的約定締結條約，並同意縮減軍隊的方案。但是赫魯雪夫並未在一九六〇年訪問北韓。

金日成於一九六一年三月，派遣副首相金光俠至蘇聯，請求赫魯雪夫來訪。赫魯雪夫說因為與甘迺迪（John F. Kennedy）會談的原因，要到隔年才能進行訪問。南韓軍部對於學生革命後的社會動盪倍感危機，因此在五月十六日發動軍事政變，由朴正熙將軍建立新的政權。這回反過來換金日成有危機感了。六月，越南的領導者胡志明訪問平壤。南越民族解放戰線在前一年成立，並開始活動。對金日成而言，胡志明的訪問是最令人開心的時刻了。

六月二十九日，金日成帶著興奮的心情訪問蘇聯。一直開訪問空頭支票的赫魯雪夫，這次終於逃不掉，於七月六日與金日成締結了《朝蘇友好合作互助條約》。條約共有六條。第一條規定，當其中一方受到軍事攻擊，陷入戰爭狀態時，另一方必須馬上採取任何手段予以軍事援助。第五條則規定，朝鮮的統一必須在和平的基礎下進行，不得以軍事武力統一。期限為十年，如果沒有廢除通知，則自動再延長五年。

金日成歸國途中前往北京，在北京與毛澤東會面，七月十一日簽署《朝中友好協力相互援助條約》，但他並沒有讓蘇聯知道這件事。條約共計七條，但內容幾乎跟蘇聯的相同，只差在這個條約是無期限的。總而言之，金日成成功地與蘇聯及中國締結相同內容的條約，得到安全保障，這也是金日成與中蘇保持等距外交以及自主外交的成果。

勝利者大會

一九六一年九月召開了勞動黨第四次代表大會。在中央委員會的報告中，金日成宣布完成國家的「社會主義改造」。首先提到已完成農業合作社化，接著是手工業及都市資本主義工商業的社會主義改造的完成。更提到工業部門五年計劃的總生產量目標已於兩年半內達成，而重要產品的現物指標也於四年內達成。他強調千里馬運動的意義，並說明了新的七年計劃。

帶領討論的朴金喆提到，「今天整個黨依循黨中央委員會的思想及意志生存，進行活動，全體人民與黨合為一體，一同向前邁進。以金日成同志為首的共產主義者們，經過艱苦的革命鬥爭的洗禮，才在我國社會上確立了馬克思列寧主義」（《第四次代表大會討論集》）。最後朴金喆更呼籲「大家要與金日成同志領導的黨中央委員會團結一致……一同向前進」。幾乎所有的討論者都運用這個表述來結尾。

與一九五六年第三次代表大會相比，中央委員的面孔有很大改變。八十五位中央委員中，延安派從十九名減至三名，蘇聯派也從十名減到剩南日一名。滿洲派則從八名增加到三十名，甲山派也從三名增加至五名。金日成的弟弟金英柱也加入中央委員。八十五位中央委員中，滿洲派、甲州派及滿洲派子弟兵合起來就占了三十六名。

十一名政治委員中，屬於滿洲派的金日成、崔庸健、金一、金光俠，以及甲山派的朴金喆、李孝淳，合起來就占了六名，延安派及蘇聯派只有金昌滿及南日。委員長為金日成，副委員長則是崔庸健、金一、朴金喆、金昌滿及李孝淳。

至此，建立了以金日成為中心，滿洲派及甲山派統一領導黨政軍的獨占體制，完成政治的一元化，成功建立「黨＝國家」體制，實現了完全由主流派進行獨斷的統治。蘇聯在一九三四年第十七次黨代表大會上將其稱作「勝利者大會」，而北韓的第四次黨代表大會正是所謂的「勝利者大會」。北韓成立了國家社會主義體制，即「黨＝國家」體制。

第五章

游擊隊國家的成立（一九六一—一九七二）

普天堡戰鬥勝利紀念塔（1967年竣工）

當初的前提

新生的社會主義國家北韓，正以朴金喆在第四次黨代表大會上提出的「大家要與金日成同志領導的黨中央委員會團結一致……一同向前進」的方針為標竿。獲勝的主流派包含所有滿洲派及甲山派。

這時發生了微妙的變化。在解放初期，只發表了金日成將軍的戰記，但是這回則換成滿洲派及甲山派每個人的回憶錄。從一九五九年開始至一九六一年為止，已刊行五卷的崇拜金日成書籍《抗日游擊隊參加者的回憶錄》暫停出版，一九六〇年則出版了甲山派的朴達回憶錄，接著又在一九六三年出版了崔賢的回憶錄。一九六四年出版了朝鮮革命博物館的介紹相片集，裡面除了有金日成、崔庸健、金策、金一、安吉、姜健、柳京洙的頁面，還刊登甲山派的朴金喆及朴達的照片。同年開始出版三卷《革命先烈的生涯與行動》，在書中詳細介紹隸屬甲山派、被處死刑的李悌淳（李孝淳的弟弟）。一九六五年十二月朴金喆的妻子去世時，《勞動新聞》也報導了治喪委員會成立的消息（十二月十七日）。

一九六五年左右的《勞動新聞》，跟一般社會主義國家的報紙沒有什麼差別。在標題旁邊都會有標語，但最重要的標語是「所有朝鮮人民的勝利組織者，同時也是鼓舞者的朝鮮勞動黨萬歲」。

此時最大的話題，莫過於一九六四年二月的中央委員會全體會議上，金日成發表的〈有關我國社會主義農村問題的綱領〉。這個綱領的想法是希望透過國家支援，縮小都市與農村的差距。金日成也同意廢止農業現貨稅，這讓農民相當期待。

位於中蘇對立之間

此時，中蘇爭論越演越烈。北韓一開始是朝中國傾斜。一九六二年十月的中印紛爭中，北韓批評尼赫魯（Jawaharlal Nehru）政府是「侵略者」。在古巴危機時，北韓對於赫魯雪夫撤掉飛彈一事表達不滿。十二月，北韓採取了四大軍事路線，分別是全民武裝化，國土要塞化，全軍現代化，以及全軍幹部化。一九六三年六月，崔庸健訪問北京，並與劉少奇發表共同聲明，批評社會主義國家的外交政策與和平共存政策混淆。對於七月二十五日美英蘇三國簽署禁止部分核子試爆的條約，北韓與中國皆表反對。到了秋天，北韓公然批評蘇聯。蘇聯科學學術出版的《世界史》關於朝鮮史的描述，遭到金錫亨等三位歷史學家的批評。他們指出「馬克思列寧主義史學的基本要求，以及令人無法接受的重大錯誤」，「對朝鮮史的無知與偏見所導致的歪曲、偽造及謊話連篇」。到了一九六四年，北韓更加公然批評蘇聯。《勞動新聞》一月二十七日的社論「現代修正主義者」與「特定族群」中，批評蘇聯企圖讓亞洲，非洲及拉丁美洲的人民停止反帝國的抗爭。六月於平壤召開的第二次亞洲經濟研討會，成為批評蘇聯的會議，並採納了平壤宣言，內容是建立自力更生的自主經濟及平等互惠、尊重主權的經濟協助。七月二十七日《勞動新聞》批評蘇聯企圖讓日本共產黨內部分裂的行為，是「大國排外主義」的心態。

也因為與蘇聯對立，來自蘇聯的援助減少，從一九六一年開始進行的七年計劃，變得難以實踐。因此當一九六四年赫魯雪夫下台後，接任的布里茲涅夫一提出和解，北韓馬上就同意了。一九六五年二月蘇聯高層柯錫金（Alexei Kosygin）與謝列平（Alexander Shelepin）訪問平壤，三月北韓的代表團訪問莫斯科，針對石油的供給進行交涉。

日韓條約與南韓軍隊派兵越南

一九六三年甘迺迪遭到暗殺之後，由詹森（Lyndon B. Johnson）繼任總統，美國也於一九六四年正式參與越戰。八月發生北部灣事件*，美國以此為藉口，於一九六五年二月開始轟炸北越。三月，美軍派了海軍陸戰隊兩個大隊，人數共三千五百名，於南越的峴港登陸。

南韓的朴正熙政權為了趕快進行日韓條約的交涉，於六月簽署了《日韓基本條約》。日本並未針對殖民地統治反省及道歉，而南韓則獲得日方三億美元無償，以及兩億美元有償的經濟協助。因為美國的催促，日本與南韓才得以建立外交關係，這引發北韓激烈的抗議。南韓軍隊也回應美國的要求，即刻參與越戰。對北韓而言，越南是社會主義的友邦，若是從無產階級國際主義的關係來看，北韓應該要支持北越，並發起行動。南韓革命的目標也在此時浮現。

金日成推出主體思想

一九六五年四月，在蘇卡諾（Sukarno）總統的邀請下，金日成訪問了印尼，兒子金正日也同行。四月十四日，金日成在阿里阿贊社會科學院（Ali Archam Academy of Social Sciences）演講。他提到「本黨以正確領導朝鮮人民的革命鬥爭及建設事業為本，更重要的是打好主體這個基礎」，「朝鮮共產主義者在朝鮮進行革命」，並用了「主體思想」一詞，強調「思想的主體，政治的自主，經濟的自立，以及國防的自衛」為黨

*編註：北越及美國在南海西北部的北部灣（又稱東京灣）發生武裝衝突。

一貫的立場。

同年十月，《勤勞者》十九號刊登了申晉均的文章〈主體思想是共產主義自主自立的思想〉，這是首篇定調「主體思想」的文章。文章提到，馬克思列寧主義雖為世界普遍的「一般原則」，一旦武裝過後，則會與「事大主義、教條主義、民族虛無主義」相衝突，「因此必須確立主體的方針」。「自主性、創造性原則，以及自力更生的原則，則是從革命的主人，亦即黨與人民的立場，來實現整體的主體思想」。這篇文章還提到，「為確立主體所進行的黨的鬥爭」，黨在一九五五年四月的中央委員會全體會議上「為確立主體，展開全面的鬥爭」。同年十二月金日成的演說中，提到「這是本黨首次進行全面性、體系化的主體思想介紹」。一九六〇年發表的「主體演說」，是第一次提到「主體思想」形成的歷史緣由。作者雖是用筆名，但應該是金日成思想書記黃長燁與金日成討論後所寫。

一九六五年十月十日，在勞動黨創黨二十週年慶祝大會上，金日成發表的演說內容提到，「本黨在一九五五年克服了教條主義，並在各個領域確立了主體的方針，為了貫徹這個方針，我們持續不斷地進行鬥爭」。十一月二日，《勞動新聞》刊登了鄭浚基總編輯在創刊二十週年紀念會上發表的演說，其中也提到「一九五五年的思想事業，廢除了教條主義及形式主義，同時確立了主體思想。金日成同志為了貫徹此一信念，運用報紙來解釋主體思想的本質，同時介紹我國的歷史等各種資料」。

從一九五五年開始，金日成的周圍就開始針對主體思想的確立進行一連串的鬥爭，同時針對「主體思想」進行歷史方面的改寫，但是這並未成為黨宣傳煽動部的官方定論。即使到了一九六六年，《勞動新聞》的版面也未針對主體思想做任何報導，更沒有提到金日成。到了七月二十四日，報紙的頭版標題出現了「馬克思列寧主義是我國革命的武器」。

然而到了一九六六年八月十二日，《勞動新聞》突如其來地在頭版至三版刊登了不具名的文章〈擁護自主性〉。開頭提到「一九九五年本黨反對在所有領域實行教條主義，並展開了全黨確立主體的鬥爭」，之後提到「必須透過自我思考」，「必須相信自我的力量」，「馬克思列寧主義是行動的指針」，「不可一味地仿效他人的經驗」，「要擁有民族的矜持」，「自立的民族經濟是自主性的基礎」，「必須相互尊重自主性」，「堅持自主性以強化反帝國共同鬥爭」。不管是發表的形式或內容，其強烈呼籲的程度都是前所未見的。

與中國的關係冷卻

北韓與蘇聯的關係改善，這回與中國的關係卻一下子降到冰點。一九六六年九月十五日，《勞動新聞》以托洛茨基主義的形式，批判了文化大革命的暴力主義。在十月五日黨代表會議上，金日成批評了朝鮮勞動黨及日本共產黨干涉中國內政一事。他認為比起「現代修正主義」，「左傾機會主義」更具危險性。

採取南韓革命路線

一九六六年十月五至十二日，召開了朝鮮勞動黨第二次代表會議。在代表會議上的報告，金日成以「朝鮮革命是世界革命的一環」起頭。他提到，美國侵略越南以及越南人民的反抗，是當時世界的焦點，所有的社會主義國家必須「合力支援越南人民」。朝鮮的黨與人民「對於美國帝國主義侵略越南這件事，就等同於侵略我們，因此要起身反抗」，主張應該派義勇兵前往越南。他同時反對社會主義國家的「現代修正主義」及「左傾機會主義」，強調「反帝國共同行動及反帝國統一戰線」，並尋求社會主義陣營的團結。朝鮮的「民族課題」是「祖國統一及全國革命勝利」，為此，他主張在北半邊進行社會主義建設，並以北半邊作為「強而有力的革命基地」，強化在南韓的革命勢力，發展革命鬥爭。為了強化北方的發展，要將「事大主義」*斬草除根，「在所有領域徹底執行主體思想，並發揚自力更生的革命精神」。金日成提到，南韓革命的基本任務，就是「打倒美國帝國主義及其走狗的侵略勢力」，為此，必須組織馬克思列寧主義黨，準備革命勢力（《勞動新聞》十月六日）。他提出了透過革命統一的構想。

代表會議後，在中央委員會全體會議上，發表了新的人事案。首先在政治委員會中新設常務委員會，成員有金日成、崔庸健、金一、朴金喆、李孝淳及金光俠。政治委員會另外增加五名正式成員，其中以民族保衛部長金昌奉最受矚目。政治委員候補則有十一人。廢除了委員長及副委員長制，同時創設總書記制，並設立書記局。總書記為金日成。書記則有十人，分別是崔庸健、金一、朴金喆、李孝淳、金光俠（國防部長）、石山（社會安全部長）、許鳳學（軍總政治局長）、金英柱（組織指導部長）、朴容國（朝鮮民主青年同盟［民青］委員長、國際部長）、金道滿（宣傳煽動部長）。前五位為政治委員會常務委員，除了金道滿之外，剩下的五位為政治委員候補。書記局則是為了支持金日成的體制才設立的。

派兵至越南一事，馬上就獲得同意。金日成在十月十九日，親自接見並鼓舞即將派往越南的第二〇三空軍部隊的飛行員（宮本悟）。

＊編註：指從前新羅、高麗及朝鮮王朝「以小事大」，效忠中國的外交政策，金日成認為是崇拜、屈從大國的思想。

一九六七年元旦，《勞動新聞》的社論訴求「南韓革命」，並疾呼應該將越南人民的鬥爭當成自己的事情一樣，一定要阻止美國帝國主義侵略越南。一月二十八日出刊的標語，則換成「我們要帶著抗日游擊隊在白頭山鬥爭的革命精神活下去、鬥爭下去」。二月八日則刊登了前一天朝鮮人民軍創建十九週年紀念集會的報導。報導中提到民族保衛部長金昌奉的命令：「全體人民軍將兵要對黨及革命獻上無限的忠誠，並誓死保衛以金日成同志為首的黨中央委員會。只要是黨及首領的命令，要不辭辛勞地保衛黨的革命偉業，統一祖國，為解放南邊，努力提升戰鬥力吧」。二月九日的《勞動新聞》刊登金日成與金昌奉一同訪問軍部隊的照片，同時報導了崔庸健、金一、朴金喆及金光俠四人訪問軍隊的事情。

一九六七年一月，有小道消息指出，紅衛兵攻擊金日成，北韓內部發生政變。朝鮮通信社於一月二十六日發表抗議聲明（《勞動新聞》一月二十七日）。金一等人的代表團則在二至三月訪問莫斯科，並簽署了經濟及科學技術合作協定。

確立唯一思想體系

金日成於一九六七年三月十七日至二十四日，在道、市、郡及工廠黨主管書記協議會上發表的演說，被收錄在《著作集》第二十一卷內。當時的《勞動新聞》並未報導此會議及演說。在這次的演說中，金日成要求「確立黨唯一的思想體系」，重提抗日游擊隊的經驗，並以此為範本，批評宣傳煽動部的馬克思主義古典學習及愛國主義教育是沒有階級的，在教育研究方面並不合時宜。演說的後半，金日成主張「要做好迎接革命大事變的準備」，要「執行南韓革命，實現統一祖國」的課題，必須「要做好萬全的服從」，並強調「要做好迎戰的準備」。這個演說可說是完整呈現金日成當時的想法。

當時金日成的主張是，為了因應越戰，組織南韓革命，必要的話再度發動革命戰爭，為此要確立「首領」的唯一指導，並希望全民以抗日游擊隊員的精神採取行動。受到南韓出兵南越的刺激，金日成思考過在南韓實現革命的可能性。針對金日成的方針，黨內出現想法上的對立也是理所當然的。朴金喆、負責南韓革命的黨聯絡部長李孝淳，及黨宣傳煽動部長金道滿，是主要的批判勢力。

一九六七年剛好是普天堡戰役三十週年。甲山派與滿洲派在該設立怎樣的紀念碑、舉辦怎樣的紀念會這些事情上產生了歧異，這也與基本路線的對立有關。正因為此事造成雙方交鋒，成為日後分歧的致命傷。

從一九六七年四月開始，《勞動新聞》的版面擴大了，總編輯鄭浚基在金日成的指示下，採取了新的方針。在四月十五日金日成生日這天，《勞動新聞》的社論刊登了

「緊緊跟隨在黨與首領周圍的朝鮮人民必勝不敗」。始於四月二十日的全國教職員大會上，普通教育部長尹基福要求教職員要教導「黨的唯一思想體系」。四月二十三日的《勞動新聞》刊登了教職員大會的決議文，內文提到了「統合共產主義教養與革命傳統教養」，並宣誓要「深耕主體思想」，以及「成為首領教育戰士的無限光榮」。

在對立的情況下，於五月四至八日，召開了黨中央委員會第十五次全體會議。這場會議資料至今仍未公開，只能從《朝鮮勞動黨略史》中略知一二。會中討論到建立「唯一思想體系」一事，以及「中產階級及修正主義分子」的登場。朴金喆下面的甲山派及與他同調的部長們暫時擱置這個議題，在會議上並未做出任何決議。

但是會後《勞動新聞》的論調完全改變。「敬愛的首領金日成同志」（五月二日），「偉大的首領」（五月六日），不斷地強調「首領」二字。同時打出「學習抗日游擊隊員不屈的革命精神」（五月八日），「有如抗日游擊隊員一樣對革命傳統忠誠」（五月十三日）等標語，呼籲全民向抗日游擊隊員學習，並要求全民成為「首領真正的革命戰士」（五月二十日）。《勤勞者》六月號的卷頭論文「更強而有力地進行革命傳統學習」也相當重要。

從六月二十八日開始召開中央委員會第十六次全體會議，並在會中做出決議。會議的簡單報告刊登在七月四日《勞動新聞》上，內容如下：「在全體會議上，關於黨的路線及政策，黨員們與勞動者應該繼承本黨於抗日武裝鬥爭時期建立起來的光榮革命傳統，促進勞動者階級化及革命化，進一步確立整個黨的唯一思想體系，也必須強化北邊的革命力量」。

而朴金喆、李孝淳、李松雲等甲山派人馬，以及金道滿、朴容國、許錫宣、高赫（副首相）這些自莫斯科歸國的菁英遭到流放。唯一一位延安派的黨聯絡局副局長河仰天也遭到解任。黃長燁提到金道滿及朴容國是金英柱的左右手，但實際弄走這些人的即是黨組織指導部長金英柱。聯絡部長從李孝淳換成軍人許鳳學，宣傳煽動部長則從金道滿換成金國泰（金策的長男），高等教育部長則由許錫宣換成楊亨燮，但不知道由誰接替朴容國的國際部長職位。

以抗日游擊隊員的身分活下去吧

在這邊提出的路線，並非由金日成、滿洲派、黨及大眾一起治理，而是金日成為獨一無二的司令官，並要求全體國民成為游擊隊員。將滿洲派虛擬化，並擴大至全國，提倡全體國民滿洲派化及游擊隊員化，換言之，就是將全民塑造成「首領」的戰士。「唯一思想體系」之核心概念就是唯一革命傳統。滿洲派的革命傳統，也只能是金日成的路線。

七月十日的《勞動新聞》刊登了一篇「如同抗日游擊隊員一般生活工作吧」的報導。十七日則刊登了「要活得像革命時期的革命家一樣」，表達《抗日游擊隊參加者的回憶錄》第九卷的經驗，更在八月五日刊登了「大家要如抗日游擊隊員一般，成為真正的革命戰士。只要是首領的命令，都要無條件貫徹」的報導。八月二十四日則打出了「如同抗日游擊隊員一般革命的生活及工作吧」，這也是有名的口號「生產學習生活都要以抗日游擊隊員的方式進行」的原型。

主體思想與游擊隊國家的成立

此時，「主體思想」已經有了官方的位置。十二月十六日，金日成在最高人民會議改選後的第一次會議上，發表了政府的新十大政綱。第一項是「本黨的主體思想經由各部門完整實現……徹底貫徹自主、自立及自衛的路線」，第二項是「支援南韓人民的正義反美救國鬥爭，為了要能夠主導迎接革命性的大事變，北邊的人民要隨時做好精神及物質上的準備」。所謂的「革命性大事變」，是指南韓革命性地爆發反美及反朴正熙的，而「主動地迎接」，則是指派北方的游擊隊至南方，積極支援南方的意思。在一連串的內容中，「主體思想」被宣布為國家新的指導理念。不久後《勞動新聞》的標題旁邊則題上了「我們要徹底貫徹金日成同志偉大的主體思想，這正是黨的路線及政策」。

確立了唯一的思想體系，並以抗日游擊隊員為模範，接著再確立主體思想，連續三階段確立了新的國家體制。金日成是游擊隊的司令官，全民是游擊隊隊員，這樣的一個國家，就能夠稱作是游擊隊國家。

與越南的距離

北韓為了協助越戰的進行，抱著必死的決心努力創造第二戰線，但北韓與越南的想法卻未統一。一九六七年八月二十六日，即將卸任的越南代理大使黃渼（音譯，Hoang Mui）曾對東德大使史特勞斯說了一番具衝擊性的話。黃大使激烈地批評並否定北韓，他提到「朝鮮勞動黨指導部的政策根本不是馬克思列寧主義」，「過去在經濟的領域上獲得一定的成果。但要在這樣的基礎上發展虛偽的理論，並花心思要人民實踐它」，「在對外政策上，朝鮮民主主義人民共和國領導層戴著兩個不同的面具，虛偽及詐欺的面具。對我們說一套，對中國人說另外一套，對蘇聯人又說另外一套。這種事是無法長久持續下去的」，「北韓與我們的關係是支援我民族的鬥爭。雖然北韓盡量給予我們支援，但這還是建立在言語溝通上面」，「關於韓戰危機的謠言是宣傳。朝鮮跟我國的情勢完全不同」，「現在跟朝鮮民主主義人民共和國約定好的援助金額提升至一千一百五十萬盧布（其中經濟援助為五百五十萬，軍事援助為三百五十萬，剩下為填補前年的份）……我們並不滿足。朝鮮同志則說不可能再更多了」（東德外交部資料 G-A-364）。

換言之，從越南人實際的觀點來看，北韓所謂的進行，只是嘴巴上說說，有如演戲一般。越南並不信任北韓。北韓所想的都只是它單方面的想法而已。

派遣武裝游擊隊至南方

但是北韓是很認真的。一九六八年一月二十一日，組成游擊隊派至南方，並朝著南韓總統官邸青瓦台進攻。總共有三十一名游擊隊隊員。部隊在二十二日晚間十點抵達總統官邸後方的北漢山麓時遭到盤查，雙方發生了槍戰。兩天作戰下來，有二十六名隊員遭到殺害，一名被捕，剩下四名則逃走，南韓則有六十八名死者。根據被捕者的口供，證實是北韓特戰軍的士兵。北韓的報紙在二十三日大篇幅報導：「武裝小部隊出現在首爾市中心，與傀儡警察部隊發生槍戰」，並在二十四日報導「武裝游擊隊在京畿道高陽郡、首爾近郊洗劍亭、北漢山碑峰北側各地多次攻擊敵軍」。北韓方面自始至終皆將此事件視為南韓游擊隊的作戰，否認派遣本國士兵。

一月二十三日，這回換北韓海軍在元山港外海緝捕了入侵北韓領海的美國船艦普布魯號（USS Pueblo）。在緝捕的過程中，美國船艦死亡一人，艦長以外的船組員都成為俘虜。美國政府對此事強烈抗議，馬上派出第七艦隊前往南韓領海。平壤也做好與美軍開戰的準備，開始疏散市民，蘇聯政府也相當緊張。

一月二十五日的《勞動新聞》報導了「武裝游擊隊持續前往南韓所在之處，持續攻擊敵人——武裝游擊隊、射殺了傀儡軍連隊長，並殺傷了數十名敵軍」。二十六日的標題則是「武裝游擊隊襲擊美帝侵略軍哨所，嚴懲美國人」。

在緊張的情勢中，北越解放戰線特別攻擊隊於一月三十一日凌晨，突襲了位於西貢的美國大使館，在此同時，各地發動「春節攻勢」。這是一場經過長時間準備的大作戰。二十名特別攻擊隊員突襲美國大使館，六小時後占領了一部分建築物，但到了傍晚卻不幸戰死。北韓的舉動與這場春節攻勢毫無關聯，但得知越南的消息，他們確信自己的作戰是正確的。

一月三十一日，金日成寄了一封書簡給柯錫金，內容提到「詹森不知道會在何時刺激北韓」，這是對簽署了友好協力相互援助條約的北韓與蘇聯的「蠻橫的挑戰」，這

전세계 로동자들은 단결하라!

전체 근로자들이여! 김일성동지를 수반으로 하는 당중앙위원회주위에 굳게 뭉쳐 우리 혁명의 종국적승리를 위하여, 사회주의와 공산주의 휘황한 미래를 향하여 용감하게 앞으로 나아가자!

로동신문

조선로동당 중앙위원회기관지

제24호 [루계 제7463호] 1968년 1월 24일 (수요일)

오늘호의 주요내용

경기도 고양군, 서울근교 세검정, 북한산 비봉북쪽 등 각지에서 무장유격대들 수차 적들을 공격

의정부거리와 북한산기슭에서 괴뢰군경을 사살

무장유격대들 각지에 출현하여 미제와 박정희도당에게 련속 심대한 타격을 가하고있다

23일 새벽 1시에서 3시사이에 경기도 고양군 신도면에서 무장유격대는 괴뢰군경 《수색대》를 공격하여 놈들에게 심대한 타격을 가하였다.

22일 밤 서울근교 세검정에는 무장유격대가 나타나 괴뢰경찰과 특무대놈들에게 수류탄세례를 들씌우고 유유히 사라졌다.

또한 무장유격대는 23일 오전 9시경 경기도 파주군에서 괴뢰군경들을 수류탄으로 공격하였다.

무장유격대가 미제침략군부대 초소를 습격하여 양키놈들에게 불벼락

수류탄으로 초소를 까부시고 양키놈들과 총격전을 전개

경기도의 파주군과 고양군에서

무장유격대들이 미제침략군 및 괴뢰군 부대를 습격하고 밤 9시 현재 총격전을 계속

파주군의 적성면과 련천군 전곡면 일대에도 무장유격대가 출현

무장유격대의 공격으로 갈팡질광하는 미제와 박정희괴뢰도당

괴뢰군경들은 인민들로부터의 처단이 두려워 동요하며 《동원명령》을 거부하고있다

조선인민군 해군함정들이 공화국북반부 연해에 깊이 침입하여 적대행동을 감행하던 미제침략군 무장간첩선을 나포하였다

105

《勞動新聞》1968年1月24日頭版。最上方提到「武裝游擊隊在京畿道高陽郡、首爾近郊洗劍亭、北漢山碑峰北側各地多次攻擊敵軍」；最下方則是「朝鮮人民軍海軍艦艇緝捕了入侵共和國北部沿岸進行敵對行動的美帝侵略軍武裝間諜船」。

「對全社會主義國家的安全造成重大威脅」，「對於這樣的侵略，我們必須要做好加以反擊的準備」。信中更提到，「若是美國帝國主義者發動軍事攻擊，讓北韓進入戰爭狀態的話，相信蘇聯政府及蘇聯國民，會與我們一同對抗侵略者」（Radchenko）。

感到疑惑的蘇聯，要求金日成至莫斯科進行說明。但是金日成認為當下情況他無法離開北韓，因此派民族保衛部長金昌奉前往。布里茲涅夫要求金昌奉迅速解決普布魯號的問題，金昌奉則回應說北韓同志一直以和平統一朝鮮為目標，並反對在現在的狀況下朝著開戰的方向進行（Tkachenko）。

北韓人民處在亢奮狀態。二月四日《勞動新聞》刊登了「全體的人民軍將兵！用黨的唯一思想武裝自己，成為革命戰士，對金日成同志獻上無限的忠誠吧」的口號。二月二十八日則刊登了崔光參謀長之妻金玉順，以女性同盟委員長身分發表的演說：「烈士家族與榮譽軍人家族成為革命戰士，對元首獻上無限的忠誠吧」。

統一革命黨的組織與消滅

北韓為了南韓革命，花了很長時間組織了馬克思列寧主義之黨。北韓將朴憲永與李承燁的南朝鮮勞動黨視為間諜，完全否定他們的存在，因而重新組織新的黨。之前是由朴金喆、朴一英、林海擔任黨聯絡部長，但一九五八年以後由李孝淳擔任。而在他任內所創設的，就是統一革命黨。

一九六三年起，誕生了以金鍾泰、金瓆洛及李文奎為黨中心的組合。金鍾泰成為統一革命黨首爾市委員長，他畢業於東國大學，為國會議員的弟弟。畢業於首爾大學的金瓆洛從一九六四年起，創辦了合法的雜誌《青脈》，而李文奎則在首爾市內開設學生酒店。他們想盡辦法進入北韓，並進行各種協議。但是組織內的工作以知識分子及學生的組織為主，是勞工及軍隊所不能及的。從一九六八年開始，就針對這類的組織尋求直接的行動。

一九六六年十月的朝鮮勞動黨代表會議上，南韓革命組織代表李南革出席並發言，將「繼承抗日武裝鬥爭的革命傳統」，並宣誓會「執行在代表大會上提到的課題」，最後「祝福首領金日成同志萬壽無疆」（《勞動新聞》一九六六年十月九日）。統一革命黨於一九六八年發起怎樣的活動則不得而知。一九六八年八月二十日，北韓特攻隊企圖從濟州島海岸登陸卻被發現，十二名遭到射殺，兩名被俘虜（《東亞日報》八月二十一日）。從兩名俘虜及搜到的文書內容中發現，中央情報部於八月二十四日將統一革命黨地下間諜團一網打盡（《東亞日報》八月二十五日）。一百五十八名遭到逮捕，其中七十三名被送檢，事前就已經做好逮捕的準備，並與二十日事件做連結。中心人物皆被逮捕。金鍾泰、金瓆洛及李文奎等三十名則於一九六九年一月被判刑，五名幹部被判死刑，隨後執行。南越解放民族戰線平壤代表部人物在審判後，曾對德國大使說道：「南韓不存在任何一個革命團體能夠給社會大眾帶來一定的影響」，這句話令人印象深刻（東德外交部資料C1025/73）。

游擊隊作戰失敗

僅管統一革命黨遭到殲滅，但是金日成卻更加意氣風發。一九六八年十月八日是切．格瓦拉（Che Guevara）戰死一週年，金日成在《*Tri Continental*》雜誌上發表了論文〈亞洲、非洲、拉丁美洲各國人民偉大的反帝革命偉業必勝不敗〉。十一月二日，一百多名游擊隊員於南韓東海岸的蔚珍及三陟登陸。五日的《勞動新聞》以「南韓的革命武裝游擊隊以砲彈迎擊，造成慘重傷亡」為標題，報導了東部及中部發生的戰鬥，以及南方的人民讓列車出軌翻覆的消息。一連報導了九日，至十五日的報紙都還看得到相關內容。但是根據南韓所言，登陸的部隊進入村莊，負責革命宣傳，但遭到村民拒絕，討伐隊幾乎全員遭到射殺。有五名遭到逮捕，另有五名投降。南韓方面的死亡人數有七十人，這些人也都是從北方派過去的部隊成員。

這次作戰一直持續到一九六九年。一九六九年八月十六日，南韓發現江原道海岸的村莊注文津有「共匪」出現。但這並非呼應越南而起的南韓革命游擊隊作戰，因為後者早在一九六八年遭南韓人拒絕時失敗了。若與一九六八年的行動相比，會發現與越南強而有力的人民戰爭大不相同。越南的革命方式在朝鮮完全不管用，因此沒有發生期待已久的「革命性大事變」。一定要有人負責這個失敗的作戰。一九六八年十二月二十三日，在蘇聯的強力要求下，金日成終於釋放了普布魯號的船組人員。而金日成馬上在一九六九年一月的人民軍黨全體會議擴大會議上，批評了民族保衛部長金昌奉、軍總參謀長崔光、軍總政治局長許鳳學、偵察局長金正泰（金策的次男）等軍隊領導，並解除所有人的職位。申敬完認為，他們反對成為金英柱的後繼者，為了鞏固自己的立場，才隨意派遣武裝游擊隊（鄭昌鉉）。但事實上並非如此，應該是要他們負起作戰失敗的責任。徐大肅認為是肅清武裝游擊派，但這也不正確。民族保衛部長是由崔賢接任，總參謀長則由吳振宇擔任，而崔賢、吳振宇與金日成皆屬於直系的第一路軍系。二月十四日，南越解放民族戰線代表部的陳德良對東德大使提到，民族保衛省指導部的變化對於北韓政治路線的變化有興趣，但聽了新任總參謀長吳振宇的演說之後，仍無法預測將如何改變（東德外交部資料C1025/73），這也是不想讓越南得知革命失敗的處理方式。

四月十五日，北韓的防空軍擊落了一架美軍的間諜機EC121。此時的北韓緘默了三天。《勞動新聞》到了四月十八日才刊登了首篇報導。如果北韓的反美攻擊已經結束的話，那麼擊落EC121或許是一件讓北韓感到相當疑惑的偶發事件。

派遣至越南的北韓空軍飛行員，駕駛蘇聯提供的米格戰鬥機進行作戰。總數不明，只知道有十四名戰死者的墓建在越南當地（宮本悟）。

中朝關係改善

蘇聯在一九六八年八月，派軍隊至捷克斯洛伐克，打倒杜布切克（Alexander Dubček）的改革派政權。北韓支持蘇聯的行動。而反對派遣游擊隊至南方的日本共產黨，此時也已經完全與北韓分道揚鑣。雖然如此，但北韓並沒有要加入蘇聯的反中活動。一九六九年五月，波德戈爾內（Nikolai Podgorny）*訪問北韓，但是蘇聯仍沒有因此獲得北韓的支持。

此時北韓與中國的關係持續改善。一九六九年九月十日，參加胡志明喪禮的崔庸健經過北京與周恩來會面，並傳達了金日成的想法，期待與中國的關係能改善及發展。中

＊編註：於一九六五至一九七七年間擔任蘇聯最高蘇維埃主席團主席。

國認同此方針，並在三十日中華人民共和國建國二十週年的國慶日上，讓前來參加的崔庸健與毛澤東及林彪一同站在天安門上（《周恩來年譜》下卷）。一九七〇年三月，金日成正式邀請周恩來訪問北韓，四月五至七日周恩來正式來訪。中共領導睽違七年的訪問，也修復了中朝關係，周恩來則以「歃血為盟的軍事友誼」來強調。

勞動黨第五次代表大會

一九七〇年十一月二日至十三日，召開了勞動黨第五次代表大會。會中選出一百一十七名中央委員，其中滿洲派占了三十一名，若是加上金英柱，則有三十二名。甲山派及延安派的身影完全消失，蘇聯派則有南日及方學世兩位，剩下的皆為新人。政治委員十一名中，新加入吳振宇、金東奎、徐哲、韓益洙、金英柱及金仲麟。滿洲派的中央委員，去除前次黨大會上選出的十一名，另外新增了十三名。被剔除的十一名中有兩名死亡，其他則是落選。落選的人屬於第二路軍系及第三路軍系，第一路軍系中，非屬金日成直系的人也多半落選。而新增的十三名全部為第一路軍系，其中少說有十名是出自金日成的第二方面軍。不僅是滿洲派，可以說是由金日成的直系完全獨占整個黨中央。

到一九七〇年為止，國家新的高層已經架構完成。是以游擊隊為模型，並將其擴大至全國，由金日成作為司令官，受到全國民眾的景仰的游擊隊國家。這個架構是在國家社會主義體制上建立的第二層架構。這個架構是為了呼應越戰，發動南韓革命，支援革命以實現統一才建立的。但這個目標僅止於幻想。即使目標消失了，但卻成功建立了一個強而有力的新國家體制。完全出乎意料。

七・四共同聲明

此時，美國已得知越戰無法獲勝，為了迴避戰爭的失敗，打算以平手的方式，跟中國進行和解。一九七一年七月，季辛吉（Henry Kissinger）訪問北京，隔年一九七二年二月，尼克森（Richard Nixon）總統訪問中國，北韓認為「尼克森舉著白旗來北京」。北韓抓準時機，改變自己的方針，進行南北韓對話。南北韓的紅十字會之間，在一九七一年九月二十日開始進行第一次接觸。一九七二年五月二日南韓中央情報部部長李厚洛祕密訪問平壤，與勞動黨組織指導部長金英柱進行政治方面的會談。金日成提到一九六八年青瓦台襲擊事件，說是「內部的左傾盲動分子」所為，並為此向李厚洛道歉。七月四日，南北韓發表共同聲明。內容為不依靠外部勢力，以和平的方式進行統一，目標是超越思想及制度的民族大同團結，由此可看出是採納了北韓的主張。南北調節委員會共同委員長召開了會議。事情變成這樣，南韓的朴正熙總統為了強化內部的體制，於十月十七日發動軍事政變，廢止了總統直選，並樹立了維新體制，目標是讓自己的統治能夠永久化。

一九七二年憲法修正

結果這回換北韓進行鞏固體制的措施。一九七二年十二月，最高人民會議採納了憲法改正案，並同意游擊隊國家為國家體制上的形式。領袖為國家主席，任期為四年，由最高人民會議選出，並指導中央人民委員會及政務院會議。國家主席同時也是朝鮮人民軍的最高司令官、國防委員會委員長。最高人民會議代議員則是四年改選一次。這個立法機關若是以游擊隊國家的理論來看，僅是裝飾用的機關，但是國家制度上，最高人民會議必須制定新法律、選主席，還要通過國家經濟計劃及預算。

第六章

劇場國家的明與暗

（一九七二—一九八二）

主體思想塔（1982年4月竣工）

金正日的登場

金日成是游擊隊的司令，全民為游擊隊員，克利弗德．紀爾茲（Clifford Geertz）稱此一游擊隊國家為「劇場國家」。他認為劇場國家的特色是：行使權力本身為一種儀式，將國家當成一齣戲來表演。而北韓的游擊隊國家，是現代前所未見的劇場國家。游擊隊國家既為劇場國家，就需要設計師及表演者。而負責這些角色的，正是首領的兒子金正日。

一九七二年，金日成迎接了人生的第六十個年頭。從幾年前開始，金日成的身邊就出現不少建議他應該要思考繼承人的聲音。而他的兒子，金正日的存在浮上了檯面。

金正日出生於一九四二年二月十六日。母親金貞淑為抗日游擊隊的女隊員，現在則寫作金正淑。金正日是滿洲抗日聯軍逃至蘇聯領土內的野營區時，在游擊野營地出生的孩子。

解放後，金正日與母親追隨提前歸國的父親的腳步，於一九四五年年底回到朝鮮。母親金正淑於一九四九年去世，留下金正日與小他四歲的妹妹金慶喜。韓戰爆發後，滿八歲的金正日前往中國避難，過著不安的每一天。之後他在一九五二年回到朝鮮，進入萬景台革命學校就讀。他只在這裡讀了一年，就轉到普通的初高級中學，於一九六〇年進入金日成綜合大學，並於一九六四年畢業。

畢業後，金正日進入黨中央委員會組織指導部，開始在擔任部長的叔父金英柱的手下工作。一九六五年他跟隨父親前往印尼，一九六六年升任組織指導部中央指導課責任指導員。他在一九六八年指導整修普天堡戰役遺跡一事廣為人知。於一九六九年擔任黨宣傳煽動部副部長，並指導電影《血之海》的製作工作。他在電影製作方面相當活躍。在建立游擊隊國家的過程中，金正日提出「主體思想」為唯一思想體系的主張，在黨內各部門機關嶄露頭角。

一九六〇年代後半，有一部分人視金日成的弟弟金英柱為繼承人，但是金英柱身體不好，也未參與過游擊隊戰爭，在滿洲派的元老幹部看來，比起只有莫斯科留學背景的弟弟，在游擊隊營區出生的兒子比較適合擔任繼承人。有不少人說金正日很厲害，在一九七〇年第五次黨代表大會的準備過程中，很多人提出至少應該讓金正日擔任黨中央委員會候補委員，但金日成說兒子還太嫩，因而拒絕了此事。到了一九七一年金英柱因為健康因素，推薦金正日代替自己擔任負責思想組織問題的黨書記，然而金日成還是以兒子太嫩為由拒絕。以上的內容是基於八〇年代逃亡的對外情報調查部副部長申敬完的證詞。

被指定為繼承人

一九七二年，金正日指導電影《賣花的少女》的製作，並在金日成花甲紀念時，成功讓朝鮮革命博物館開館，並在此之前指導了巨大金日成銅像的建設。一九七三年金英柱完全無法繼續工作下去，九月金正日擔任主管組織宣傳的黨書記，同時兼任組織指導部長與宣傳煽動部長。一九七四年二月的黨中央委員會全體會議上，因為吳振宇的提案，金正日獲選為黨政治委員，也負責整個黨的組織活動與宣傳活動。金正日正式獲得認可，成為真正的繼承人。此後，金正日開始被稱為「黨中央」。

修正經濟政策與大量進口大型生產設備

一九六一年開始的七年計劃，到了一九六七年仍

金日成銅像，背後是朝鮮革命博物館（皆於1972年4月竣工）

無法結束，結果持續到一九七〇年。受此影響，新的六年計劃從一九七一年開始進行。這個計劃預定於一九七六年結束，估計將會創造出年平均百分之十四的工業成長率。依照一九七〇年九月與蘇聯簽署的兩個協定內容，蘇聯會提供一億九千五百萬盧布及六千三百萬盧布的借款。截至一九七二年止，從蘇聯借貸的款項就高達五億六千七百一十二萬盧布。

但是計劃才剛開始，情況就有所變更，經濟政策也遭到修改。一九七二年召開南北會談，當時訪問南韓的朴成哲副首相，觀察朴正熙總統的經濟成長政策成果，對南韓經濟發展相當震驚。過去一直採取自力更生、閉鎖經濟的北韓，開始與西歐各國建立外交關係，推展經濟合作。一九七三年北韓與丹麥、挪威、瑞典、芬蘭等國建交，一九七四年與澳洲、奧地利、瑞士，一九七五年則與葡萄牙建交。北韓並於一九七三年與瑞士、日本及英國三國建立通商關係，締結通商協定及成立相關機構，從這些國家進口大量的生產設備。談成的合約有三十件，金額高達五億美元。

從飛躍的失敗到危機

金日成持續推廣思想革命、技術革命及文化革命。從一九七三年春天起，他更派遣三大革命小組至工廠、礦山及農場，要求在職場推廣三大革命。

但這項行動卻與一九七三年的石油危機相衝突。石油價格高漲，機器價格也高漲，支付的金額增加了百分之一百三十。石油以外的原物料價格大跌。若是分析一九七五年北韓主要的出口品，鋅與銅的價格跌了百分之四十，鉛的價格也跌了百分之三十。北韓的外匯收入減少，但是支付款項卻急速增加。

結果，北韓付不出貿易款項，從一九七四年開始停止付款。到期的款項至一九七五年九月為止，總計三億盧布，一九七六年初則高達二十億盧布。其中六成是對西方各國的負債。在這樣的情況下，給予協助的依舊是蘇聯。根據一九七六年二月的朝蘇經濟技術合作協定內容，蘇聯給予北韓一億一千七百萬盧布的借款，以及針對利息本金還款的四千萬盧布。但事情已經到了無法收拾的地步了。

與經濟危機戰鬥的游擊隊國家

游擊隊國家的誕生，原本是為了朝向「革命性的大事變」前進。但現在這個目的早已消失，游擊隊國家變成要處理經濟危機的體制。首先，成為「黨中央」的金正日將游擊隊國家定型化，並隨即提倡「金日成主義」。一九七四年二月十九日，金正日對黨思想教育部門的活動家，發表了以「黨的思想活動當前的課題：以全體社會的金日成主義化為目標」為主題的演說。

金日成主義，用一句話來解釋，就是主體思想、理論及方法的體系……將人類史上首次被發現的偉大主體思想視為真髓，並以此為基礎，將革命理論及領導方法完全體系化，就能夠區分金日成主義及勞動階級的革命理論。這也是金日成主義的特徵所在。金日成主義正是我們的時代——主體時代——中革命的真正指導思想、指導理論，以及指導方法。

史達林曾經發表過「關於列寧主義的基礎」的演講，由史達林解釋列寧理論，但卻以史達林的思想做闡述。金正日也利用這個方式，用自己的方式解釋金日成的思想及行動，將自己的思想打著「金日成主義」的名字宣傳。到了一九七六年十月，還說明「金日成主義」已超越馬克思列寧主義，但不知道是不是金日成在背後喊煞車，「金日成主義」一詞在八〇年代後期消失，統整為「主體思想」。

「以抗日游擊隊的方式」

相較之下，更重要的是宣傳一九六七年的「如同抗日游擊隊員一般革命的生活及工作吧」的口號，並於一九七四年三月提出了「生產學習生活都要以抗日游擊隊員的方式進行」的口號。四月十四日，金正日發表了以「全黨及整體社會要更進一步鞏固唯一思想體系」為題的演說，演說內容中提到必須要在黨內的思想教育活動提倡「抗日游擊隊式」。

「生產學習生活都要以抗日游擊隊員的方式進行」的口號，是游擊隊國家的基本口號。金日成在一九七五年三月的演說中承認，「最近黨中央提出的『生產學習生活都要以抗日游擊隊員的方式進行』的口號，是很出色的口號」，最後在一九八〇年第六次黨大會的中央委員會報告上獲得一致認同。

這個口號要求全體國民，不論公私，二十四小時都要以抗日游擊隊員的身分活下去，並將首領與國民的關係視為司令官與戰士的關係。

一九七四年四月十四日，金正日提出了唯一思想體系的再定型化，日後被稱為「十大原則」。其中第三項為「偉大的首領金日成同志的權威是絕對的」，第五項為「要無條件遵守偉大的首領金日成同志的教導執行」，第十項為「偉大的首領金日成同志所開拓的革命偉業，要代代相傳不能中斷，而且一定要完成」（鐸木昌之）。

「速度戰」的現實

從一九七四年二月開始，金正日將「速度戰」視為經濟建設的方式，更在十月提出「七十天戰鬥」方案。這是主體式的突襲主義，用於建設業或採礦業，但對於製造業提升勞動生產則是不太理想的方式。

然而，金正日卻選擇走上這條路。從一九七五年五月開始，金正日分派三大革命小組加入這個運動，並計劃展開全國性的組織化工作，同年十一月在金正日的指導下，在生產第一線組織開始「爭取三大革命紅旗運動」，讓各個工廠與職場進行三大革命落實程度的競賽。「速度戰」演變成「電擊戰」、「殲滅戰」。

在這個口號之下，生產第一線發生了怎樣的狀況，可以從一九七五年七月一日，金正日在咸鏡南道劍德礦山的鉛、鋅礦採掘中心發表的演說得知。內容如下：

> 生產組織應該以提升每單位時間的生產效能為基本原則。就算是戰鬥期間，也不能允許勞工一兩個月都待在礦坑內工作……不管地底下的寶物有多重要，也不能代替

勞工的健康，因為他們是黨與革命最重要的資產。我們要珍惜礦工。在礦坑戰鬥，也是為了勞工階級。我們不能讓勞工們睡在空氣不佳的礦坑內，一定要讓他們出來，回到自家休息。最近有一部分幹部稱讚那些待在礦坑裡工作的勞工，甚至還大肆宣傳，這就好像在鼓勵勞工進到礦坑好幾個月都不出來。我們絕對不能做這種事。（金正日，《強而有力地展開三大革命，用生產帶領國家迎向新的高峰》，平壤，一九九一年）

從金正日的這番話可了解，「七十天的戰鬥」期間的勞工們，普遍都是一直待在礦坑內工作不出來。勞工們的狀況，雖然因為金正日的這番話而有所改變，但也只是輕微的改善而已。

以金正日訪問為契機，劍德礦山在一九七五年十一月，開始進行「爭取三大革命紅旗運動」。透過這種突擊方式，六年計劃成功完成，也達成工業成長率年平均百分之十六・三的數字。因為此運動帶來高度緊張，因此將計劃結束後的一九七七年，指定為調整年。但同年，運輸部門宣布了「二百日戰鬥」。

南韓發生民主化運動

一九七三年八月八日，發生了為抗議「維新政變」*，在東京展開活動的金大中，遭到南韓中央情報部（KCIA）綁架的事件。八月二十八日，北韓中斷了「南北調節委員會」共同委員長的會談。一九七四年四月，南韓的民主化運動正式開始，北韓也相當期待南韓的運動。一九七五年四月，北越的戰車駛入南越總統官邸，越戰以美國與南韓的戰敗作結。金日成訪問中國，對西貢被攻陷表示歡迎，並發表了威嚇南韓的演說。南韓的朴正熙政權在緊張之下，將八名人民革命黨相關者處以死刑。為了對抗這個恐怖政治，南韓民主化運動持續進行。一九七六年三月一日金大中等人發表了「民主救國宣言」，他與其他十一位連署者，以及宣言起草人文益煥遭到逮捕。

一九七六年八月十八日，在板門店共同警戒區內，美軍抗議北韓砍伐白楊樹，遭北

* 編註：又稱「十月維新」。指一九七二年十月十七日，南韓總統朴正熙宣布緊急戒嚴，下令解散國會、禁止政治集會。又於十一月二十一日公布《維新憲法》，延長總統任期為六年、取消總統連任限制、廢除總統直選而改由新設的「統一主體國民會議」代議選出總統，並宣布進入「第四共和國」時代，實行獨裁統治。

韓警備兵攻擊，造成兩人死亡。美軍隨即進入警戒體制，情勢緊張，但是狀況僅止於此。一九七七年卡特（Jimmy Carter）總統提出美軍撤退計劃，但遭到軍方反對，因而中止。

兩個綁架作戰

南韓的民主化運動在與北韓完全無關的情況下展開。北韓希望藉由這個運動來發揮影響力，因而派遣間諜進入南韓。在一九七〇年代末期，對南韓展開諜報工作的過程中，於一九七七年開始執行綁架日本人的作戰計劃。第一個案例是一九七七年十一月中學女生橫田惠遭到綁架的事件。綁架的目的有很多種，像是間諜偽裝成日本人，持日本護照進入南韓，或是間諜為偽裝成日本人，需要教授日本語言或文化的人，或是為了讓間諜假扮為流亡至北韓的美軍配偶，而綁架一男一女，以便讓他們能夠安穩地工作等等。根據日本政府的統計，截至一九八三年為止，總共有十七人遭到綁架。其中只有五名生還者於二〇〇二年回到日本。

之所以會開始綁架日本人，被認為是因金正日所指示的「綁架作戰」。此作戰內容是為了迎接南韓的電影導演申相玉與其妻子演員崔銀姬，讓他們製作電影。兩人在一九七八年從香港被分別帶至北韓，而在他們的回憶錄中提及是遭到強行綁架。金正日與兩人會面，並希望兩人能夠在北韓製作電影，提升北韓電影的水平。當時金正日的話也記錄在兩人的回憶錄內。

> 不論從哪個角度看，現在的我們侷限在社會主義的框架內，但我們不能只在社會主義裡，卻想朝著資本主義國家前進……說得更明白一點，我們就是在自己的圈子裡望著自己的東西，然後認為自己的東西最好……要是我們無法在未來十年內迎頭趕上的話，坦白說，日後看世界的分布圖，我國的電影藝術應該會在落後地區中的最後一名吧。（崔銀姬．申相玉）

兩人在北韓製作了《不歸的密使》一劇，後於一九八六年在歐洲成功脫逃。

南韓的政變與自由光州

一九七九年十月二十六日，朴正熙總統遭到中央情報部部長金載圭殺害，不久後

「首爾之春」*到來。一九八〇年二月六日，召開了南北韓總理會談的預備會談。五月七日，金日成為了參加南斯拉夫總統狄托（Josip Broz Tito）的葬禮，出發前往南斯拉夫，並順便繞道羅馬尼亞。他歸國後，五月十七日，南韓國軍保安司令全斗煥下令鎮壓光州的政變，民主勢力的領袖金大中等人遭到逮捕。結果光州的學生市民誓死抵抗，鎮暴部隊進行鎮壓後，市民們則拿起武器抵抗。這些事情的發生都跟北韓的間諜工作無關。自由光州的抗爭者舉著大韓民國國旗與南韓軍隊對抗。市民的抵抗遭到國軍強烈的鎮壓，出現不少死傷。南韓政府於首爾召開軍法會議，在九月十七日依內亂陰謀罪，判金大中死刑。「勿殺金大中」的運動在全世界造成轟動。九月二十四日，北韓對此事表示抗議，中斷了南北會談。一九八一年一月，大法院確定了金大中的死刑判決。但不久後，金大中被減刑為無期徒刑。

第六次黨代表大會與十大展望目標

其間，一九八〇年十月十日至十四日，召開了朝鮮勞動黨第六次代表大會。會中金正日正式登場，被選為中央委員，大會後的中央委員會全體會議上更被選為政治局常務委員、政治局委員、祕書，以及軍事委員會委員。金正日被賦予繼承人的地位，對他的稱呼也從「黨中央」變成「親愛的指導者金正日同志」。

金日成在報告中，全面肯定一直以來的路線。他更稱讚三大革命路線，認為因為進行了三大革命，使經濟有所發展，同時強化了國家社會制度。他同時提議讓全體社會主體化，為了實現這樣的目標，呼籲應該要實現全體社會的革命化、勞工階級化及菁英化。金日成認為，統一祖國需要「廢除南方法西斯式『維新』獨裁體制」，北韓支持打倒此體制的南韓民眾運動。關於統一的方式，金日成反對「兩個朝鮮」，也反對「互相承認」及「同時加入聯合國」，他提出了高麗民主聯邦共和國的方案。在民族統一政府之下，實施南北區域各自實行自治的方式，改變了過去將聯邦制當作過渡時期制度的想法。

第二次七年計劃（一九七八—一九八四）預計會有百分之十二·二的成長。金日成提前完成此次計劃，並提出了新的目標——十大展望目標，預期在一九八〇年代末期達成下列幾項目標：鋼鐵一千五百萬噸、煤炭一億兩千萬噸、電力一千億千瓦、水泥兩千萬噸、化學肥料七百萬噸、非鐵金屬一百五十萬噸、纖維製品十五億公尺、水產五百萬

＊編註：指南韓自一九七九年十月二十六日朴正熙總統遭暗殺，至一九八〇年五月十七日全斗煥下令擴大戒嚴期間，較自由的民主化政治氛圍，以「布拉格之春」之名比喻。「首爾之春」最後以光州事件的武裝鎮壓結束。

噸、穀物一千五百萬噸、填海造地三十萬公頃。若與七年計劃的目標相比，是一．五至兩倍的目標。日後金日成與何內克（Erich Honecker）*會面時曾提到，若能達成這些目標，北韓「就可說是幾乎達到已開發國家的水準」。

上述目標中，特別重視穀物的生產。北韓的穀物生產量在一九七九年時有九百萬噸，到了一九八二年則達到九百五十萬噸。國內消費量以人均三百公斤來計算，再乘上一九八〇年當時的人口一千七百萬人，則為五百一十萬噸。從九百萬噸中扣除五百一十萬噸，剩下的三百九十萬噸作為儲備、輕工業的原料，以及出口用。根據聯合國FAO（糧食及農業組織）的資料顯示，一九七九年北韓的穀物出口量為三十四．二萬噸。北韓的「糧食可以自給自足」，「成為穀物出口國」。十大展望目標增加百分之五十的穀物生產量，提高到一千五百萬噸，從數字上來看，是個夢幻的計劃。金日成期盼以「米糧為共產主義」的口號，達成「將我國的農業提升到世界最先進國家的水準」的目標。但這目標很難達成。

巨大的紀念碑建築

從七〇年代末至八〇年代初，紀念金日成七十歲大壽的巨大建築物，以及歷史性的紀念碑的建設工程，持續進行中。金正日對於這些大型紀念碑建築，在《建築藝術論》（平壤，一九九二年）中曾描述：

創造出能夠獻給首領的建築物，意味著建構出一個空間，能夠保障首領的安寧及萬年長壽……永久不滅、具革命性的大型紀念碑建築物，整體內容必須貫徹首領的偉大，以及保障其崇高的思想……大型紀念碑的雄壯性，最重要的是以超越一般數量的大小及龐大的規模來呈現。

一九八二年，為紀念金日成七十歲誕辰，完成了三個大型紀念碑建築物。首先於四月四日，在平壤市中心金日成廣場的後面，建造了人民大學習堂。金正日提到「在民族形式內包含了豐盛的社會主義內容……這是里程碑式的傑作」。所謂採用了民族形式，應該是指以傳統的瓦片做屋頂。他也提到建築總面積為十萬平方公尺，擁有三千萬本的

*編註：何內克為東德的德國統一社會黨中央委員會總書記（一九七一—一九八九）、國務委員會主席（一九七六—一九八九），是一九六一年建造柏林圍牆的決策者。他曾於一九八四年五月底會見來訪東德的金日成。

藏書空間。

更重要的是，配合金日成生日完工的凱旋門及主體思想塔。凱旋門的揭幕式於四月十四日舉行，地點在金日成於一九四五年十月十四日發表演說的運動場附近。形狀是以巴黎的凱旋門為模型，但高度及門面寬度都比巴黎的凱旋門大，堪稱世界最大的凱旋門。主體思想塔則在四月十五日舉行揭幕式。主體思想塔建在大同江邊，隔著金日成廣場，幾乎在人民大學習堂的正對面。高一百七十公尺，用白色大理石建造。這個塔是以美國的華盛頓紀念塔為模型建造，但高度更高，北韓自稱為世界最大的塔。形狀是將塔往上層層堆疊的方式，前面與後面各有十八段，左右兩面則各別有十七段，共有七十段，代表金日成的年齡。塔的表面還貼有白色花崗岩石板，總共有二萬五千五百片，代表七十年的日數。建造這種具有象徵性的建築物，並非朝鮮的傳統，而是金正日個人的獨創。

家族國家論

在國家設計方面，北韓在此時提出了新的想法——家族國家論。這就好比在游擊隊國家這個建築物上，掛上了新的看板一樣。

新想法的核心是「어머니당」（母親黨）這個新詞。這是世界共產主義運動史上前所未見的想法。過去關於領袖的稱呼為「어버이수령」（雙親首領），但此時的意思則變成「父親首領」。領袖為父親，黨為母親，民眾則是孩子，形成模擬家族的國家設計。

金日成在一九八六年的授課「朝鮮勞動黨建設的歷史經驗」中曾提到，

本黨的活動作風中最重要的是……讓人民感受到黨的真實母愛的特質。勞工階級的黨並非在人民大眾之上統治的官僚機關，應該是為人民服務，對人民的命運負責任，守護人民的母親之黨。本黨賦予人民尊貴的社會及政治生命，引導人民在各自的領域上活躍，關心人民的物質及文化生活，時時刻刻用心關懷人民。如此一來，朝鮮人民才能打從心底視本黨為母親的懷抱，將自己的命運託付給黨。

領袖與黨為父母，將愛與恩情灌注在自己的孩子（民眾）身上，孩子也會以愛與忠誠來回應。

第七章

危機與孤立之中

（一九八三—一九九四）

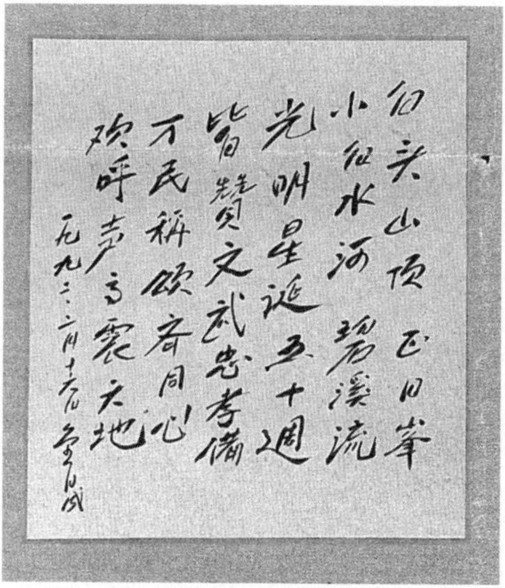

金日成送詩祝金正日50歲生日（1992年2月16日）

仰光爆炸事件與三方會談的出現

南韓全斗煥政權展開高壓政治不久，於一九八三年進入緩和的局面。此時的學生運動中出現了主體思想派，即所謂的「主思派」。這代表首次出現對北韓抱持好意、支持金日成思想的學生運動。北韓領導階層認為，這代表南韓國內對全斗煥總統的反感及憎恨情緒高漲，決定於一九八三年十月九日發動仰光爆炸事件。正在緬甸訪問的全斗煥總統，計劃至翁山將軍祠獻花，北韓則抓準這個時機，在屋頂上埋設炸彈並引爆。結果造成南韓高官十七人喪命，其中包含四名閣員，緬甸方面也有三名死者。全斗煥總統伉儷千鈞一髮逃過一劫。南韓政府立即譴責北韓的罪行。

緬甸政府逮捕了兩名犯人，表示爆炸事件是北韓派遣的軍人所為，並同時與北韓斷絕外交關係。北韓對此表示抗議，並聲明與事件毫無關聯。值得注意的是，中國並未支持任何一方的聲明，同時發表了官方見解「不論是哪國的行為，我們堅決反對恐怖攻擊」。事件發生後，哥斯大黎加與北韓斷絕外交關係，而巴西、智利等國，也在會議上同聲譴責北韓的行為。

仰光爆炸事件三個月後，北韓採取了意想不到的舉動。一九八四年一月十日，北韓在中央人民委員會與最高人民會議常設會議的聯席會議上，提出美朝韓的三方會談。中國的趙紫陽總理將這個想法告知美國雷根（Ronald Reagan）總統，中美兩國皆希望中國加入，進行四方會談。十一日，南韓政府提議重啟南北對話。而後，美國國務卿舒茲（George Pratt Shultz）提議日蘇加入，進行六方會談，日本的安倍晉太郎外長也表示支持。關於會談方式則不定，這不僅緩和了因仰光爆炸事件造成的極度緊張氣氛，日後的會談更朝著相互提案競爭的方向進行。

訪問蘇聯與東德

一改一九八四年的緊張氣氛，北韓與中蘇兩國的關係進入調整階段。中國為了讓北韓靜下來，積極地建議北韓增加與蘇聯及東歐各國的合作關係。一九八四年五月十六日至七月一日，金日成前往蘇聯及東歐訪問。他分別在蘇聯與契爾年科（Konstantin Chernenko）總書記、在東德與何內克、在羅馬尼亞與西奧塞古（Nicolae Ceaușescu）總書記進行會談，同時也視察了匈牙利的改革結果。

金日成與何內克深度會談，並對中國表示善意：

> 中國不希望發生戰爭。要克服文化大革命所造成的對經濟與國民生活水準的後果，

是需要時間及努力的。所有資源都須投注於此目的。

金日成對日本的看法也是異常冷靜：

在日本，有人希望軍國主義及與美軍的同盟能夠復活。但是日本普遍因為經濟因素，對重整軍備毫無興趣……我曾經問過胡耀邦，關於他跟中曾根*談話的內容。他跟我說，中曾根說日本絕不會成為美國的砲灰。日本雖不可能與美國切割，但也不想成為美國的奴僕。我們應該好好思考這件事……我們須與日本往來，確保軍國主義不會再起。（*CWIHP Bulletin*, Issue 14/15）

調整與中蘇的關係、南北接近

出訪蘇聯、東歐歸國的金日成，於九月二十八日提出了援助南韓水災的方針。來自北方的稻米及援助物資通過板門店進入南韓。以此為契機，於十一月十五日舉行了南北經濟會談，二十日則重啟南北紅十字會的預備會談。

一九八五年四月九日，在北韓最高人民會議常設會議上，發表了「給大韓民國國會的一封信」。信上清楚明白地使用了「大韓民國」這個國號。

同年適逢解放四十週年，八月十五日舉行的解放四十週年慶典，阿利耶夫（Heydar Aliyev）第一副主席等蘇聯政府代表團到場參加。十月二十五日舉行中國人民志願軍韓戰參戰三十五週年慶典，則有李鵬副總理出席。到年底前北韓與蘇聯間簽署了經濟科學技術協定議定書、經濟水域·大陸棚界限條約、核能發電廠等經濟技術合作協定。北韓遵照最後的協定內容，同年簽署《不擴散核武器條約》（NPT）。蘇聯也決定提供二十六架米格機給北韓。這些全都與中國的意見一致。

與中蘇兩國的關係改善後，北韓對南韓釋出更多的善意，於九月二十日實現了首次的南北離散家族互相訪問。當然背後還有即將於三年後舉行的首爾奧運問題。

這個狀況一直持續到一九八六年。同年六月九日，人民武力部長吳振宇提出軍部的三方會談，但這個提議卻沒有得到美國及南韓方面的回應。

＊編註：中曾根康弘，於一九八二至一九八七年間任日本首相。

合營法與合營企業

北韓在經濟方面也有所進展。在製造業方面，開始引進在日朝鮮人的資本設立合資企業，因為只靠戰鬥方式，是無法改善製造業的。一九八六年二月二十八日，金日成邀請訪問北韓的「在日朝鮮人商工聯合會」會長全演植與其弟全鎮植推展合資事業，這被稱作「二月二十八日指教」。訪朝團同意開始進行合資事業，成立櫻花集團，靠牡丹峰食品聞名的全氏兄弟，是在日朝鮮人企業家中的代表性人物。這些人於六月組成了合營事業研究會，並運用了一九八四年九月制定的合營法。

計劃以超速度進行，全鎮植的牡丹峰合資公司西服成衣廠於一九八七年四月在平壤開工。一九八七年內誕生了十三家企業，一九八八年又誕生了十三家企業。業種以衣服縫製最多，還有電器、電子、食品加工、化妝品及服務業等等。一九八九年設立了十二家新的公司，其中包含全鎮植開辦的平壤鋼琴合資公司。合營事業研究會改名為合資事業促進委員會，並與北韓政府新設的政務院合資工業部合作。全鎮植的成衣廠擁有一千名勞工，一九八九年生產五萬套西服，到一九九〇年則提升至十萬套。

「社會政治生命體」論

一九八六年，金正日提出「社會政治生命體」論。金正日發現，人們對於不斷重複相同的口號及設計感到厭煩。就好像換了新招牌一樣，他提出了新的具有魄力的設計。同年七月十五日，金正日對黨幹部這樣說道：

革命的主體是首領、黨及人民大眾三者的合體。人民大眾在黨的指導之下，以首領為中心，靠組織及思想的團結，組織成一個永久不滅、具有自主生命力的社會政治生命體。每個人的肉體生命是有限的，但是人民大眾團結起來的社會政治生命體，其生命是永久不滅的。

每個人的生命是有限，但是社會政治的生命是永久存在的，這個想法並不稀奇。但是金正日的「社會政治生命體」論還包含下面的意思：

一如每個人生命中心都有頭腦存在一樣，社會政治集團的生命中心正是集團最厲害的頭腦，也就是首領。之所以稱首領為社會政治生命體最厲害的頭腦，是因首領是統一指揮這個生命體的活動中心。

這個想法是將「社會政治生命體」國家視為人體。「國家＝人體論」的淵源始於古代及中世紀的歐洲。根據甚野尚志的著作《隱喻的中世紀》（弘文堂，一九九二年），古代末期的卡爾齊地烏斯（Calcidius）重新解釋柏拉圖（Plato）的想法。根據他的解釋，元老院為頭，戰士是心臟，手工業者則是下腹部。根據十二世紀伯納德．西爾維斯特（Bernard Silvestris）的說法，領導都市國家的賢者是頭，戰士是心臟，食品商人是腎臟，農民則是四肢。因此才會出現首領如果是腦髓的話，黨就是心臟或神經中樞的論點。這個時候人民大眾則被視為四肢。

白頭山密營神話

這個時期也形成了金正日自己的神話，亦即金正日在朝鮮內部的白頭山密營出生的神話。一九八八年八月，在小白水邊建造白頭山密營，並將後面的山命名為「正日峰」。一九三六年九月，金日成率領部隊在此紮營，而金正日則在一九四二年誕生於此。僅管金日成的部隊於一九三六年九、十月，在中國境內的白頭山南側建了四個密營一事廣為人知，但卻沒有任何記錄顯示有密營在朝鮮境內。正確來說，金正日應該是在蘇聯境內的抗日聯軍營區出生的。這個時期也有報導說，在白頭山一帶發現「白頭光明星誕生」等字樣被刻在樹幹上。

主體農法的困境

一九八〇年代中期北韓的農業開始出現困境。北韓推廣「主體農法」，某個程度上也拿出不錯的成果。但是一九八五年至一九八七年的連年水災，造成農業很大的災害，發生了穀物配給量減少的狀況。

之所以會造成農業不振，與其說是因為自然災害，還不如說是因為主體農法。簡易的自然改造事業失敗，雖然將梯田方式拓展至全國，但並沒有思考如何防止土壤流失。還有種植的作物並非適合梯田的柑橘或茶這類多年生作物，而是種植了玉米這種一年生作物，因此完全無法避免土壤流失。結果土壤流入河川堆積在河床上，造成河床上升，也導致河水變得更容易氾濫。

主體農法運用特別的玉米栽培法。先在土地上挖個洞，再將裝有種子的堆肥碗置入，育苗就可以不用花暖氣費。但這種方式照射不到太陽，只能培養出弱小的苗，而且種植密度高，日光不足，通風也不良，這樣的條件下不容易種出作物。專家批評主體農法展現了人類能夠支配自然的傲慢態度，這樣的結果可看成是大自然的反擊。這些情況成為北韓天災下出現糧食危機的前提。

蘇聯的經濟改革與首爾奧運

但此時暴風雨才真正來襲。新上台的戈巴契夫（Mikhail Gorbachev）於一九八六年推行蘇聯經濟改革，讓大家眼睛為之一亮，也大大改變了社會主義國家的命運和國際關係。但是在這之前，對於即將於一九八八年舉行的首爾奧運，蘇聯的態度則成了問題。一九八六年十月二十二日，金日成突然訪蘇，並與戈巴契夫會面。據推測，雙方應該是針對蘇聯參加首爾奧運的問題進行討論，但戈巴契夫的回答很冷淡。一九八七年五月十七日，預計參加首爾奧運的申請截止，蘇聯與中國皆申請參加。金日成緊急訪中，但中國並未改變參加的決定。

六月，南韓爆發大規模的群眾示威運動，到了六月二十九日，被逼到絕境的軍事政權終於屈服，宣布將恢復總統直選。這是南韓民主革命的勝利。在這之後，南北體育會談決裂，北韓表明不參加奧運。而年底的南韓總統選舉，因為金大中及金泳三分開參選，形成軍人盧泰愚當選的態勢。北韓的團體在十一月十日發表聲明，若是南韓產生民主政權，並在這樣的政權下舉行奧運的話，「北韓已經做好準備前往首爾」。

大韓航空班機爆炸事件

十一月二十九日，從阿拉伯聯合大公國首都阿布達比起飛，前往首爾的大韓航空飛機行蹤不明，乘客與機組人員共一百一十五名生死未卜。事情發生後，在巴林遭到逮捕的男女企圖服毒自殺。撿回一條命的女性自稱是北韓的間諜金賢姬，並自白說自己炸了大韓航空班機。南韓政府強烈譴責北韓。北韓則在十二月五日發表聲明，否認所有事情，並說這是「法西斯黨為了延長軍政所使的陰謀」。

十二月十六日的總統選舉由盧泰愚當選。一九八八年一月十二日，北韓奧運委員會認為這是南韓「持續軍政的結果」，以「南韓軍部負責人的策動」強行單獨舉行奧運，表明不參加奧運。北韓並於一月十六日，透過朝鮮通信社的聲明，否認了金賢姬這號人物的存在。

日本與北韓的交涉

在持續的緊張關係中，日朝交涉的出現，被視為是改善的方法。一九八八年七月七日，盧泰愚總統發表七・七宣言，提出離散家族相互訪問、南北韓同時加入聯合國、四大國交叉承認等，並對日本與北韓的接觸交涉表示歡迎。日本政府在同日發表聲明，「關於日朝間的所有懸案或問題（包含第十八富士山丸號在內），已經準備好跟北韓進行談話」。所謂的第十八富士山丸號，是發生於一九八三年十一月，北韓的士兵逃亡後潛入從事日本與北韓貿易的這艘貨輪。這名士兵在日本申請庇護下船後，第十八富士山丸號繼續前往北韓，船長與機關長以間諜、協助逃亡的罪嫌遭北韓逮捕，並被判刑二十年關進牢裡。

八月十五日，日本社會黨委員長土井多賀子在兩韓建國四十週年紀念時發表聲明，採納了市民運動的意見，也就是在國會表決對朝鮮殖民統治的反省謝罪，並由此延伸提案日本與北韓政府間的交涉。建議竹下登首相改善北韓政策的安江良介、和田春樹等知識分子、政治人士的聲明，也於九月八日公開發表。

盧泰愚的積極外交

盧泰愚總統於八月十五日呼籲召開南北高峰會談，針對此發言，金日成主席在九月九日提出南北互不侵犯宣言，表示若認同南北韓為兩個制度的聯邦國家，則在平壤進行會談也無妨。另一方面，九月十三日，匈牙利宣布將在南韓設立常駐代表部，九月十九日北韓則發表了聲明強烈譴責匈牙利。

首爾奧運於九月十七日開幕，並在十月二日成功舉行閉幕。十月四日，盧泰愚在國會發表演說，表示接受南北高峰會談於平壤召開，以及南北互不侵犯宣言的討論事宜。十月十五日北韓的祖國和平統一委員會發表聲明，對盧泰愚的演說表示歡迎。十一月七日，北韓在中央人民委員會與最高人民會議常設會議、政務院的聯合會議上，決定了和平保障四原則、美軍階段性的撤退、南北軍備階段性的縮減，以及南北高層政治軍事會談等和平方案。十一月十六日，北韓的李根模總理提議在十二月中旬召開副總理位階的高層政治軍事會談。

北韓捲土重來

時序進入一九八九年，北韓積極地影響南韓。一月十六日，北韓新總理延亨默提議召開南北高層政治軍事會談的事前會談。一月二十三日，現代集團總裁鄭周永獲得政府的許可訪問北韓，針對金剛山開發案進行討論後歸國。二月八日，高層會談的第一次事前會談於板門店召開，並於三月二日舉行第二次會談。接著，文益煥牧師於三月二十五日訪問北韓。但因南韓方面激烈反彈，高層會談的事前會談遭到中斷。世界青年學生慶典在七月一日於平壤開幕，慶典中有南韓的女學生林秀卿參加，讓北韓的人相當開心。她在歸國後遭到逮捕，北韓的報紙用強烈的語氣批判南韓的「軍事法西斯政治」。

另一方面，北韓與日本間的書信往來也於一九八九年初實現。一月十一日，北韓外交部發言人的談話中指責：「日本政府占領朝鮮三十六年，迫使朝鮮人民遭遇不幸及痛苦，但日本完全沒有對這個罪過說過一句道歉」，日本外務省則在一月二十日發表談話：「日本政府及日本國民，對於我國過去的行為造成鄰國國民莫大的苦痛及損害，深有體會」，並提到「我國以和平國家的立場，對於朝鮮半島的南北雙方不會有任何改變」。竹下首相於一九八九年三月，在國會上重複上述內容，表現出想與北韓改善關係的決心。

冷戰結束，韓蘇建交

進入秋天，事態又有了變化。東歐出現了激烈改革。一九八九年秋天，東歐各國的共產黨政權受到群眾運動的壓力而瓦解。與金日成關係最好的東德何內克被迫辭去國家主席一職。「親密的階級兄弟、革命戰友」的羅馬尼亞政府，也被抗議民眾用槍直指而推翻。西奧塞古則遭到逮捕、處刑。可想而知，北韓執政者的危機意識已經到達了頂點。

但是這段期間南北韓從一九八九年十月至一九九〇年一月為止，一直重複召開高層會談的事前會談。而蘇聯與南韓建交的時刻終於來臨。一九九〇年六月五日，盧泰愚與戈巴契夫兩位總統在舊金山進行會談，針對建立外交關係的方針達成協議。但這與匈牙利的情況不同，北韓沒有做出任何表示。

化解危機的方法

要化解危機所能採取的方法並不多。第一個方案是召開南北高層會談。若是蘇聯與南韓合作，那我們也與南韓合作，為的是要消除敗北的印象。北韓因此在七月二十六日終於同意，九月在首爾、十月在平壤召開高層會談。之後南韓總理姜英勳及北韓總理延亨默的會談，於九月五至六日在首爾召開。

第二個方案是朝核子武裝的路線前進。九月二日，蘇聯的外長謝瓦納澤（Eduard Shevardnadze）訪問北韓，告知即將與南韓建交一事，北韓則遞了一封備忘錄給蘇聯。內容提到「蘇聯若是與南韓建立『外交關係』，朝蘇同盟條約本身就變得有名無實。若是這樣，我們也不得不訂定對策，好讓我們能夠依自身需求籌措至今為止仰賴此同盟關係所得的武器」（《朝日新聞》一九九一年一月一日）。北韓表明雖然現在處於蘇聯的核子傘保護下，但若是從這邊脫離，要跟美韓對抗就必須擁有自己的核子武器。

第三個方案則是與日本的外交關係正常化。第二個方案與第三個方案相互矛盾，而這個矛盾日後將變成很大的煩惱。

金丸、田邊代表團訪問北韓

但無論如何，此時日本的態勢已經統整了。九月二十四日，金丸信、田邊誠*代表團訪問北韓。金丸信在歡迎接待會上提到，「本世紀的一段時期，因為我國的行為，帶給貴國的各位難忍的苦痛與損害，對此我們深刻反省，並為此道歉」。九月二十六日，金日成與金丸、田邊進行三方會談，金丸在會上遞了一封日本首相海部俊樹所寫的書信給金日成。金丸說，「信中也提到，我們認為必須為過去的歷史贖罪及補償」。金日成聽完這番話後，提議進行兩國的外交交涉。結果三黨†於九月二

*編註：金丸信曾任國務大臣（副總理）、防衛廳長官、自民黨幹事長等職，一九九〇年時擔任眾議院議員，後於一九九二年當選自民黨副總裁；田邊誠於一九九〇年時擔任眾議院議員及社會黨副委員長，後於一九九一年當選社會黨委員長。

†編註：指朝鮮勞動黨、日本自民黨、日本社會黨。

發表三黨共同聲明的金日成，金丸信及田邊誠（1990年9月26日）

十八日簽署、發表共同聲明。內容提到「關於過去日本三十六年間帶給朝鮮人民極大的不幸與災難，以及戰後四十五年間朝鮮人民所受的損失，對朝鮮民主主義人民共和國，三黨認為應該要正式道歉，並給予足夠的補償」。雙方皆主張建交，因此政府間的交涉於十一月開始。北韓則在南韓與蘇聯發表建交關係的前三天，公布了這個訊息。

十月十七日，於平壤召開第二次南北高層會談，並於十二月十二日在首爾召開第三次會談。會上提到雙方互不侵犯宣言案，但雙方未達成協議，延到隔年二月的平壤會談再討論。

日本與北韓開始進行交涉

日本與北韓的交涉開始後，美國自事前會談階段就一直針對北韓的核子開發問題施壓。一九九一年一月三十日，在平壤召開第一次日朝交涉。會談一開始，日本代表中平立提到，日本與北韓未曾進入戰爭狀態，因此無法接受要進行賠償、補償，同時也表明希望北韓能盡快履行ＮＰＴ的義務。針對這番發言，北韓代表田仁徹則說，日本一九一〇年的《日韓合併條約》*是違法無效的，補償問題則適用交戰國之間的賠償及財產請求權，另外也要補償戰後四十五年的受害及損失，並表示國際原子能總署（ＩＡＥＡ）

與駐韓美軍的檢查將同步進行。北韓主張日本與朝鮮有交戰關係，更提到金日成率領的朝鮮人民革命軍正式宣布抗日戰爭，與日本軍戰鬥了十五年。第二次會談於三月十一至十三日在東京召開。這回日方代表中平則說合併條約的締結及實施是合法的，朝鮮人游擊隊是作為中國共產黨東北人民革命軍的一個部隊在東北地方進行活動，同時主張不同意北韓以接受ＩＡＥＡ的檢查為條件，要求美國保證不使用核子一事。而北韓也反對這個主張。

某種意思上，透過這兩次的交涉，可以說是完全呈現出基本的問題點。一九六五年的《日韓基本條約》中，日本政府認為雙方皆同意合併條約內容而簽署，因此合約是有效的，殖民地統治是合法的，但南韓政府主張合併條約是被迫簽署的，從一開始就無效。雙方的主張完全對立。《日韓基本條約》的第二條表示《日韓合併條約》為「already null and void」，以此英文表示是為了讓雙方能以有利於自己的意思解釋所採取的妥協方式。經過二十六年，政治家道歉，也表示會補償，但是外交官僚的理論完全沒改變，交涉會停滯也是理所當然。當然北韓主張金日成部隊的戰鬥是交戰國之間的戰爭，這是不

＊編註：一九一〇年八月二十二日，大韓帝國總理李完用與日本的朝鮮總督寺內正毅簽訂《日韓合併條約》，將朝鮮主權讓予日本，並於八月二十九日公告生效，大韓帝國正式滅亡。

合理的說法。

核子問題與「李恩惠」問題

但是在這之後，美國就正式介入核子開發問題。五月二十至二十二日於北京召開的第三次會談上，日本從一開始就以「兩國外交正常化的前提條件」，要求北韓接受IAEA的檢查，同時要求南北韓同時加入聯合國。北韓代表認為這違反三黨宣言，因而強烈反抗。但另一方面，北韓也做出讓步，先建立兩國的外交關係，日後再針對補償問題進行交涉。日本只同意財產請求權，並要求北韓提出證據資料。日本還要求北韓調查大韓航空班機爆炸事件犯人金賢姬的口供中提到的教育界被綁架的日本女性「李恩惠」*問題。北韓對此提出強烈抗議，要求日本撤回上述發言並道歉，並表明要是日本不能做到上述要求，將無法持續進行會談。日朝會談除了在殖民地統治問題上產生對立，加上美國要求的核子問題，以及日本提出的「李恩惠」問題，讓雙方會談的進行更是難上加難。

會談後的五月二十八日，北韓突然宣布接受南北韓同時加入聯合國，創造「兩個朝鮮」。對南韓的提案一貫持反對意見的北韓來說，可說是一大驟變。

非核化的共同聲明

第四次會談於八月三十日在平壤召開，日本方面要求北韓調查「李恩惠」問題，但遭到北韓拒絕。日本方面重申，要行使財產補償請求權必須有相關資料佐證，並表明「因為當時法律進行的徵兵、徵用導致死亡的被害者，不在補償對象範圍內」。北韓對此表示強烈抗議。

IAEA理事會於九月十二日，決定要求北韓簽署核子偵察協定接受調查。北韓表示，若美國不將部署在南韓的核武撤除，就無法簽署協定。九月十七日，南北韓加入聯合國獲得國際承認。美國政府於九月二十七日發表聲明，中止將戰術核子武器部署在海外，並在隔天公布核子武器撤除清單，其中也包含部署在南韓的核子飛彈。受到這個影響，盧泰愚總統於十一月八日發表「朝鮮半島非核化與建構和平宣言」，宣布南韓不會擁有核子燃料的再處理設施及核子濃縮設施。

*編註：大韓航空爆炸事件的犯人金賢姬曾供稱，她的日語及日本生活習慣皆是由名為「李恩惠」的女性所教。日本政府經調查，懷疑「李恩惠」的真實身分是一九七八年遭北韓綁架的日本人田口八重子。北韓則完全否認「李恩惠」的存在。

十一月十八至二十日召開第五次日朝會談。日本再度要求北韓接受核子檢查。北韓則舉了德國的例子，要求日本進行補償，而非賠償*。

十一月二十五日，北韓外交部發表聲明，若是美國開始撤除核子武器，北韓就會簽署IAEA所要求的保障措施協定，同時檢查南韓及北韓的核武，並針對這點要求進行美朝會談。十二月十一至十三日召開第五次南北韓高層會談，雙方簽署了南北韓的和解、互不侵犯及交流合作的同意書。這是劃時代的事件。十二月十八日，盧泰愚宣布南韓已沒有核子武器。二十二日，北韓簽署保障措施協定。三十一日，雙方同意朝鮮半島非核化的共同宣言，並進行草案的簽署。

此時韓美關係有了戲劇性進展，但日朝交涉卻呈現完全停滯的狀態。

蘇聯的終結

一九九一年八月，蘇聯保守派對戈巴契夫發動軍事政變，最後由葉爾欽（Boris Yeltsin）的俄國政府及群眾運動獲勝。結果造成蘇聯共產黨解散，至十二月蘇聯這個國家已不存在，這也是蘇聯社會主義的終結。此事對北韓造成很大的打擊。

金正日於一九九二年一月寫了一篇長篇文章〈社會主義建設的歷史教訓與本黨的總

路線〉，內容提到社會主義國家失敗的原因是：「歷史主體的群眾未理解核心」，「未將強化社會主義建設的主體及提升主體的角色視為基本問題」。之後他於四月二十日聚集了來自世界各地共七十位共產主義政黨的代表，發表了平壤宣言，「擁護社會主義偉業向前進吧」。但是這個宣言，仍然無法抵抗蘇聯解體所帶來的強烈打擊。蘇聯的解體讓北韓經濟瀕臨崩盤。

北韓的經濟水準

北韓的經濟在第二次七年計劃（一九七八—一九八四）期間達成百分之十二．二的成長率，但是第三次七年計劃（一九八七—一九九三）卻無法維持年成長率百分之十的目標，於是北韓將兩百日戰鬥的口號改成兩千日戰鬥。即便如此，北韓經濟已於一九八九年達到最高的水準。北韓經濟研究所算出當時的人均國民生產毛額（GNP）為二千五百三十美元。若根據高麗大學的黃義郭推估，一九九〇年北韓人均GNP依北韓公定

＊編註：「戰爭賠償」為政府之間，由戰敗國支付賠償金予戰勝國，以彌補戰爭所造成的損失，賠償金額多規定於條約中。「戰後補償」則不論索賠國的成敗，由政府基於戰爭對個人所造成的損害進行補償。

比率換算為二千二百三十三美元，依貿易比率換算則為一千零三十一美元。南韓則是五千五百六十九美元，北韓為南韓的五分之二或五分之一的程度（黃義郭）。

北韓經濟的停滯也呈現在在日朝鮮人合資企業的關閉上。合資企業家因為北韓當局的官僚主義倍感困擾，因為「官僚們認為自己做的是最正確的，抱持著負面的自尊」（全鎮植）。官僚強迫他們採用大安事業方式，合資公司的實權掌握在黨委會手上，也不遵守商業規定，像是履行契約等等。一九九二年，北韓優先配電給在日朝鮮人的合資企業，遭到北韓國內企業的批判。在日朝鮮人設立的外國商店，也因為引發北韓民眾的不滿而關閉。一九九三年六月北韓禁止日本人及在日朝鮮人入境，造成合資企業的相關人士連續四個多月無法前往工地現場。同年，對合資企業展現熱忱的副總理金達玄也遭到解任。

因為這些因素，合資企業陸續關閉，原本有一百二十多家企業，到一九九三年底只剩二十家。保守的體制讓合資事業這項新嘗試畫下句點。

北韓經濟的崩潰

蘇聯解體對當時的北韓經濟造成很大的打擊。其實在蘇聯解體前，從一九九一年初期，蘇聯就中止包含對友好國援助在內的特惠貿易，而國際市場價格也轉換成以美元計價，這對北韓來說是很嚴重的沖擊。這也證明過去的北韓經濟並非獨立自主，而是倚靠蘇聯。一九九〇年北韓對蘇俄的貿易量為出口九億五千二百萬美元，進口十六億六千九百萬美元，到了一九九四年則降到出口四千萬美元，進口五千七百萬美元。同時中國也宣布加入以美元交易的行列，但中國沒有忽視北韓的窘境，因此修改政策，讓北韓與中國間的貿易稍微增加。然而與蘇聯的貿易量大減，帶給北韓很大的打擊，這時的北韓就有如太平洋戰爭末期被孤立的日本一樣，最大的問題就是停止從蘇聯進口原油。一九八〇年代，大約有三百萬噸的原油從中國與蘇聯進口，一九九〇年從蘇聯進口的量掉至四十一萬噸，隔年更只剩下六萬五千噸。中國在這之後也提供約一百萬噸左右的原油。一九九二年年底總理改由姜成山擔任，但仍無法遏止這樣的狀況發生。

金日成於一九九三年的新年致辭中提到：「實現人民的宿願，讓人民能吃白米飯喝肉湯，身穿絹衣，住瓦片屋頂的房子，本是社會主義建設的重要目標」。但三十六年前的一九五七年所提出的這個目標，別說是實現了，金日成根本無法再提起。

新特區的設立也無法實現

由於進口量大減，石油不足造成電力、機械零件以及原料不足，讓工廠運作產生困難。工廠運作率降至五成以下。北韓陷入嚴重的經濟危機。

由於在日朝鮮人企業家與合資企業終告失敗，北韓在一九九一年年底，決定在羅津、先鋒設計自由經濟貿易區。先鋒是雄基的新名稱。不限國家皆可來投資，換言之，南韓也包含在內。北韓並對外宣布羅津、先鋒及位於南邊的清津港為自由貿易港。因為它企圖參與聯合國的圖們江開發計劃。一九九二年十月，北韓制定外國人投資法、合作法及外國人企業法。一九九三年一月制定自由貿易區法、外國人投資企業及外國人稅金法、外幣管理法。同年十月制定土地借貸法，十一月制定外國投資銀行法。

雖然這次制定了完備的法律，但因北韓處在經濟崩潰的狀態中，完全沒有外國企業來這個新特區發展。

金正日繼承的準備

在這樣嚴重的情勢之下，為了讓金正日成為金日成的繼承人，在一九九二年金日成八十歲大壽時，展開正式的接班準備。

金日成於一九九一年十二月二十四日向黨中央委員會全體會議提案，推舉金正日為朝鮮人民軍最高司令官。金正日於一九九〇年五月，在最高人民會議上被選為國防委員會第一副委員長，但要擔任最高司令官是違反憲法的。根據一九七二年的憲法，國家主席為朝鮮人民軍最高司令官兼國防委員會委員長。一九九二年四月九日修改憲法後，消除了這樣的違憲狀態，也就是將軍事問題從主席的權限中剔除，並新設了朝鮮民主主義人民共和國國防委員會。國防委員長為「統帥、指揮所有的武力」，最高司令官一職從憲法中消失*。但在國防委員長為金日成、第一副委員長為金正日的情況下，由金正日擔任最高司令官，仍是一大問題。

同月，金日成成為大元帥，金正日則與吳振宇一同成為元帥。

金日成的回憶錄《與世紀同行》自一九九二年開始出版。中國共產黨於一九八九年同意北韓做東北抗日聯軍研究時，直接以金日成的名字做敘述，也是為了要北韓徹底改變神話式的內容。這項工作由金正日進行指導，他雖然修改了父親的神話，但關於自己的出生地神話仍維持原狀。

一九九二年二月十六日，《勞動新聞》在頭版刊登了金日成在金正日五十歲生日時送他的詩軸的彩色照片。（參見頁一七七照片）

＊編註：一九九二年的修憲，將國家主席的統帥國家武力權歸給國防委員長而非人民軍最高司令官，國防委員會則成為國家主權的最高軍事指導機關。參見本書第八章頁二一八。

白頭山頂正日峰，
小白水河碧溪流。
光明星誕五十週，
皆贊文武忠孝備。
萬民稱頌齊同心，
歡呼聲高震天地。

刻有金日成這首詩的碑於一年後立於白頭山密營前。金日成就這樣為金正日的出生神話背書。

一年後，在一九九三年四月九日最高人民會議上，金日成辭去國防委員會委員長，並選出金正日接任，總參謀長崔光則為第一副委員長。結果金正日是從軍事面開始成為金日成的繼承人。

中韓建交

一九九二年一月三十日，北韓簽署核子檢查協定。日朝交涉於一月三十日至二月一日進行第六次會談，五月十三至十五日進行第七次會談，但雙方都重申各自的主張，完全沒有進展。另一方面，南北會談則相當順利於二月十九至二十一日召開第六次高層會談。會中確定了南北韓的和解與互不侵犯、交流合作的同意書，以及朝鮮半島非核化的共同宣言生效。

一九九二年八月二十四日，中國與南韓建交。在韓戰中敵對的兩國外交正常化，也意味著兩國實現了和平與和解。北韓雖然默默地接受這件事，但仍受到相當大的打擊。

十一月五日開始第八次日朝交涉，日本提出核子問題，北韓則明言「北韓不會為了改善與日本的關係，捨棄自己的尊嚴與原則」，並在非正式舉行的「李恩惠」問題副團長會議上，表明中止會談一事。北韓早就放棄與日本交涉的希望。

核子王牌與美朝交涉

北韓決定在這個緊要關頭，用核子武器這張王牌跟美國進行交涉。一九九三年二月二十五日，IAEA理事會要求北韓的兩個地方接受特別檢查，但遭到北韓拒絕。三月八日，人民軍最高司令官金正日宣布進入準戰時體制。北韓的軍官待在部隊裡，士兵們也配給實彈，同時召集人民，舉行日間的槍擊訓練。三月十二日，北韓中央人民委員會表明退出NPT。準戰時體制一直持續到三月二十五日。四月一日，IAEA理事會決定向聯合國安理會報告北韓不履行檢查協定一事。五月十一日，安理會決議要北韓重新思考退出NPT一事。但北韓無視於這個決議，並在五月二十九日進行了中距離蘆洞飛彈的發射實驗。

六月二日，美國國務助卿與外交部次長姜錫柱舉行了美朝高層會談，美國狠下心來做了讓步。六月十一日，美朝發表共同聲明。北韓表明「臨時停止」退出NPT，美國則以北韓不使用核子武器，並不以此進行威嚇，以「朝鮮半島非核化、保障和平安全、尊重對方自主權、不干涉內政」、「支持朝鮮半島和平統一」為原則，同意持續與北韓進行對話。這是北韓核武王牌在外交上的一大成功。

兩國的對話持續進行。七月十四日，於日內瓦召開第二次朝美高層會談，並在會上獲得劃時代的結論。根據十九日發表的聯合新聞稿，美國再度確認北韓不使用核子武器，也不以此進行威嚇，為解決北韓核子問題，支持北韓引進輕水反應爐，並與北韓共同尋求引進方案。美國更要北韓針對核保障問題與IAEA進行協議，並再次確認北韓是否做好在兩個月內再次進行南北會談的準備。北韓則提出驚人的交換條件，要美國提供核能發電裝置，以換取核子開發之終止。這對運用核武王牌的北韓來說，又是另一次成功。

九月三日，ＩＡＥＡ代表團結束預定的作業，離開平壤。十一月十一日，北韓向美國提案統合各項協議一併處理。接著在十二月二十九日，兩國達成協議，美國中止了與南韓的共同軍事演習，而對於申告完成的核子設施，北韓「願意接受檢查，以保證核保障措施的持續性」。另會召開第三次朝美會談，去除核子威脅，改善兩國關係，同時重啟ＩＡＥＡ的普通及特定檢查。

傳統國家論

此時金正日提出了第三種國家設計——傳統國家論。一九九三年五月十四日，《勞動新聞》發表了祖國解放戰爭勝利四十週年的黨中央委員會口號。其中被一再強調的口號為「一心團結」，內容是「以黨與領袖為中心，全黨全民全軍的一心團結萬歲」、「將抗日火炬中創造出、嚴峻試煉中訓練出的一心團結的傳統代代相傳，並發揚光大」。

同時也提出「忠孝」。口號是「活著的每一秒都要做對黨與首領盡到忠誠與孝誠的真正的忠臣、竭誠的孝子」、「讓我們的革命隊伍成為忠孝一心的結晶體」。表現一心團結與忠孝的結合，正是傳統的國家觀。

一九九四年的戰爭危機

一九九三年二月，金泳三就任南韓總統。在他的執政之下，開始對北韓採取強硬政策。六月三日的演說中，他提到「南韓無法與擁核對象握手」，並強調南北對話的條件是要北韓接受特別檢查。一九九四年金日成在新年致辭時批評金泳三，同時也批評日本。《勞動新聞》在一月十二日寫道，「若是日本持續進行無謀的反共和國、反社會主義的舉動，絕對不會有好的結果。日本不要輕舉妄動」。

北韓與美國關係和解，因此覺得與日韓關係緊張也沒關係。然而事情卻急轉直下。北韓在一月二十一日拒絕了IAEA對新的七項設施進行普通檢查，同時提到自己是站在表明要退出NPT的特殊地位，只容許為保證核保障措施持續性的檢查。美國要求北韓馬上接受檢查，若不接受，將會對北韓做出制裁，同時宣布考慮在南韓部署愛國者飛彈。一月三十一日，北韓外交部發言人表明，若美國不遵守約定，北韓也不會遵守。

二月十二日，《勞動新聞》寫道：「任何『制裁』措施都是對我們宣戰」。然而在二月二十五日，朝美在紐約進行會談，達成協議。為保證核保障措施的持續性，IAEA將進行檢查，美國則宣布中止與南韓的共同軍事演習，同時重啟南北特使交換會談，並決定於三月二十一日在日內瓦召開第三次朝美會談。

自三月一日開始，IAEA六人小組訪問北韓進行檢查工作，但結果讓IAEA不甚滿意。三月三日開始召開南北特使交換的實務者會談。會談中，南韓對於北韓拒絕一部分的檢查表示抗議，北韓則要求南韓中止部署愛國者飛彈，並要求金泳三撤回無法跟對方握手的發言。十九日北韓的首席代表朴英洙說，若無法接受這些條件，就無法進行特使交換。南韓的首席代表宋榮大則表示，若協議無法達成，北韓將受到制裁。朴英洙因此威脅說，「這裡距離首爾並不遠，只要發生戰爭，就會陷入一片火海。宋先生也無法倖存喔」。事前會談以決裂收場。

三月二十一日，IAEA決定將北韓的核子問題移交聯合國安理會。同日，美國正式決定在南韓部署愛國者飛彈，更著手準備海上封鎖，並尋求日本防衛廳的幫助。日本的官房副長官石原信雄指示防衛廳與外務省進行討論，暗地裡開始研究。

此時北韓的《勞動新聞》發起批判金泳三政權的活動。三月二十三日刊登了祖國和平統一委員會發言人的聲明，內容是打倒「放棄南北對話，將國家情勢導向戰爭邊緣的金泳三傀儡政黨」。三十一日安理會要求北韓接受檢查，北韓外交部發言人於四月四日發表聲明，批評這個要求不當，更何況美國已經違反約定，因此「我們不得不重啟被片面凍結的核子活動」。

北韓雖然用戰爭爆發邊緣的政策做威脅，但本身卻缺乏戰爭的兵力及經濟實力，故打倒金泳三的口號也只是虛張聲勢而已。

戰爭危機與迴避

四月十九日，北韓終於做出讓步，送交文書表示同意讓ＩＡＥＡ的檢查官觀看寧邊核子爐燃料棒的交換過程。ＩＡＥＡ希望在燃料棒交換時採樣，但遭到北韓拒絕。五月十一日，ＩＡＥＡ通知北韓即將派遣檢查官，但北韓基於安全上的理由，表示將在十四日開始進行燃料棒的交換。當ＩＡＥＡ的檢查官抵達北韓時，燃料棒交換一事早已完成。六月二日，ＩＡＥＡ表示無法進行檢查。十日，ＩＡＥＡ理事會停止對北韓的技術協助，並決定給予北韓制裁，內容包含要求北韓接受特別檢查。六月十三日，北韓表明即刻退出ＩＡＥＡ，並將制裁視為宣戰聲明。聯合國安理會也開始進行制裁的討論。北韓陷入危機狀態。

根據唐．奧柏多弗（Don Oberdorfer）的著作《兩個韓國》所言，五月十八日，美國參謀長聯席會議主席沙利卡什維利（John Shalikashvili）召開作戰會議。討論後的結果，預測戰爭開始九十天的死傷人數，美軍為五萬二千人，韓軍為四十九萬人，若是形成全面戰爭，美軍的死亡人數將會有八到十萬人，軍民死亡數將會達到一百萬人。即便如此，國防部長裴利（William J. Perry）仍在六月初決定，增加遠東地區的陸海空軍共一萬人，同時增強F117隱形戰機，並在近海部署航空母艦，進入備戰狀態。

美國前總統卡特訪問北韓，讓雙方避免了戰爭。卡特經由板門店到北韓，並在六月十六日，與金日成進行會談。金日成表示希望留在NPT內，保障IAEA檢查官的活動，並將現在的石墨慢化反應爐換成輕水反應爐，若美國能夠提供，就會銷毀原本的核反應爐。柯林頓（Bill Clinton）總統接到卡特的電話後表示，若是北韓確定凍結核武發展，就有可能召開第三次美朝會談。金日成也表達了召開南北首腦會談的意願。因為上述的事件，成功避免危機。

北韓的游擊隊外交為戰爭邊緣政策的外交（瀨戸際外交），美國的外交策略則是以談判交涉及軍事行動雙管齊下。北韓這個小國對美國運用戰爭邊緣外交，若是失敗則很有可能造成危險。最後能夠避免戰爭是相當幸運的。

六月二十八日，雙方啟動南北首腦會談的事前會談，並同意於七月二十五日在平壤召開首腦會談。美國與北韓也同意於七月八日在日內瓦召開第三次朝美會談。但殊不知此時，金日成正遭到死神召喚。預定在七月八日召開的第三次朝美會談當天，金日成因心臟病發作死亡。

第八章

金正日的「先軍政治」

（一九九四—一九九九）

1995年元旦，金正日開始視察軍部隊（《勞動新聞》1995年1月2日頭版）

金日成之死

一九九四年七月八日，金日成心臟病發猝死，享年八十二歲。北韓全國上下陷入一片哀戚。七月十九日出殯日，人民痛哭流涕，這是人民唯一被允許的情感表現方式。北韓人民感到哀傷、不安與期待。史達林去世的時候，蘇聯國民也都淚流滿面。人民含淚緬懷逝去的元首，對即將成為繼承人的金正日來說，內心情感相當複雜。

金正日先舉行了父親的葬禮，決定永久保存父親的遺體，同時決定建設安放遺體的宮殿。金日成與美國未完成的交涉工作，也於八月五日繼續，並在十月二十一日，就輕水反應爐問題與美國達成框架協定。內容是北韓將凍結並拆除所有石墨慢化反應爐，以此為交換條件，美國必須在二〇〇三年前在北韓境內建設兩座一千千瓦的輕水反應爐，並在完成一座輕水反應爐前，每年提供五十噸的重油給北韓。但是南北首腦會談中，金正日批評南韓的態度不佳，拒絕與南韓進行會談。金正日認為金泳三總統沒有對金日成的死表示哀悼之意，是相當無禮的事。南韓政府在葬禮之日公開數件蘇聯提供的韓戰相關機密文書，也是不友善的表現。金正日很明顯不想與金泳三會談，反而是金泳三的態度相當從容。

繼承的困難

雖然由金正日繼承的態勢大致底定，但是父親真正去世後，金正日面臨了很大的困難。「首領」這個稱呼是無法繼承的，因為若以「社會政治生命體」的理論來看，「社會政治生命體」是永恆存在的，而相當於「腦幹」的首領也是永生不死的存在。實際上，即使人民一片哀戚，但對人民來說，不管金日成是生是死，永遠都是朝鮮黨及革命的首領。

十一月四日，《勞動新聞》刊登了金正日的第一篇文章〈社會主義即科學〉，在這篇文章中，金正日明確指出「敬愛的金日成同志身為本黨及革命的首領，將永遠受到後世稱頌，成為人民堅定的意志」。這也代表「首領」這個稱號只限金日成使用。金正日不得不用「偉大的領導者」當作散文的標題。

如此一來，就很難分辨金正日在游擊隊國家中的地位。首領才是游擊隊的司令官，若是少了首領，就變成沒有司令官的游擊隊國家。一旦金正日無法繼承首領的稱號，就很難維持游擊隊國家的形式。金正日該如何思考這個難題？

「偉大的領導者」金正日從一九九一年十二月開始，成為朝鮮人民軍的最高司令官。而他從一九九三年四月以來，也獲得元帥的稱號及國防委員會委員長的地位。從一九九三年五月開始，《勞動新聞》開始歌頌金正日將軍。他也沿用了父親金日成「鋼鐵的靈將」的表現方式。一九九三年與一九九四年兩度與美國的戰爭危機中，金正日具有朝鮮軍隊的負責人地位。但金日成在世時，實際上是擁有黨中央軍事委員會委員長稱謂的金日成在調動軍隊，金正日則是以最高司令官的身分見習。

金正日原本就沒有任何軍事經歷，非武將出身，是一介文人。若是他想有意表現，要他寫一本關於「主體」的軍事理論，對他來說並不難。金正日曾在一九九二年出版四本關於「主體」的建築、音樂、美術及文學論的書。若他認為有需要，大可找人代筆寫一本關於「主體」軍事理論的書。但他卻未這麼做。

掌握軍隊

儘管金正日因該如何建構父親死後的繼承體制而煩惱，他仍能成功出發，原因在於他擁有朝鮮人民軍最高司令官的身分。他現已經站在成為真正的最高司令官的路上。為了抓住軍人的心，掌握軍隊，金正日實際拜訪了全國各地的部隊及駐屯基地。他從一九九五年的元旦開始訪問部隊。《勞動新聞》在一月二日大肆報導了此事，並刊登了彩色照片。一九九七年九月，推舉他成為黨總書記的人民軍總政治局長趙明祿，在人民軍黨員代表大會上報告時提到，「金正日行腳十六萬六千多里的遙遠路途，訪問了二千一百五十多個人民軍部隊及最前線的哨所」。金正日成為最高司令官後，如果他在六十九個月內訪問了二千一百五十個點，換成一個月則是三十一個點，一天訪問一個點。如果從一九九五年一月開始訪問了二千一百五十個點，那麼一個月則是六十五個點，每天至少要訪問兩個點。訪問的二千一百五十個點中，除了陸軍的十六個軍團的司令部，二十六個師團的司令部、四十一個旅團的司令部、全連隊的司令部，連大隊層級的駐屯地都訪問到了。這是相當驚人的事情。當然很有可能是趙明祿誇大其詞，但是仔細思考，金正日是帶著明確的目的進行部隊及駐屯地的訪問，這點是毫無疑問的。

金正日帶著禮物前往勞軍，讓將兵們在物質方面也感到開心。而且，最高司令官來訪，與將兵們一同用餐這個舉動，必定讓將兵們相當感動。雖然無法得知他在軍事面給了哪些意見，但他在部隊的文化活動方面，給了很多專家的意見。他一定會聆聽士兵們的樂團演奏，最後還會拍紀念照。與最高領袖一同拍照，宣示大家是命運共同體。金正日就是這樣一步步掌握軍隊。

自然災害與糧食危機

但是金正日身為國家真正的領導人，首先必須要解決經濟危機。不久前的三月九日，因為美朝協議的關係，美日韓三國簽訂了「朝鮮半島能源開發組織」（ＫＥＤＯ）的設立協定，但在應該提供北韓哪一型的輕水反應爐這點陷入膠著，因為北韓拒絕接受南韓型的輕水反應爐。由於北韓的經濟狀況相當糟糕，五月與日本外務省的事前會談中，北韓向日本提出了稻米支援的要求。日本表示必須得到南韓的理解，同時南韓也主張應該由他們率先提供支援，因此在六月召開了南北次官級協議。

另一方面，關於ＫＥＤＯ提供的核反應爐型號，美朝雙方終於在一九九五年六月十三日達成協議。雙方協議說是「根據美國的設計與技術進行改良的型號」，但實際上仍妥協用南韓型的反應爐。之後於二十一日南北協議上，南韓約定將提供十五萬噸的稻米。而日本則在六月三十日，同意提供三十萬噸的稻米給北韓，超越南韓的十五萬噸。

很多人預測金正日會在金日成一週年忌日的時候舉行繼承儀式。但相反地，七月七日召開追思大會，隔日則舉行了永久保存金日成遺體的錦繡山紀念宮殿開幕儀式，完全未提及繼承事宜。

就在金日成一週年忌日後，從一九九五年七月三十日到八月十八日這段期間，北韓境內下了平均三百公釐的雨量，引發河水氾濫，對農業生產造成嚴重的打擊，同時也破壞了灌溉用的水路、住宅及庫存的穀物。九月六日朝鮮通信報導，受災泡水的農地有四十萬公頃，穀物的損害達一百九十萬噸，農損總額超過一五十億美元。即便在農業與經濟順利的情況下，可能也無法承受可怕的自然災害，更何況北韓的主體農法行不通，導致糧食不足。加上蘇聯解體造成的經濟崩潰情況已經出現，北韓因此陷入相當困難的境地。

國際知道了北韓的災情，北韓也向國際社會要求稻米援助。北韓的經濟困難已經昭告全世界。根據ＦＡＯ（聯合國農糧組織）與ＷＦＰ（世界糧食計劃）的調查報告（一九九五年十二月二十二日）顯示，這年的生產量預計為四百九十三萬噸，其中保留給一九九六年的份為四百零七萬七千噸。每人平均一天的配給量即使減到四百五十八公克（米六成，玉米四成），還是需要三百六十八萬八千噸，若再加上飼料及其他的量二百三十萬噸，總共則需要五百九十八萬八千噸，不足的量大約是一百九十一萬噸。北韓透過貿易預計獲得七十萬噸的量，另外需要國際援助一百二十一萬噸。

九月十二日，聯合國人道問題當局呼籲給予北韓水災地區糧食支援。日本在十月三日同意追加二十萬噸的稻米，引起了南韓的反對聲浪。

糧食危機加上長期下來的經濟問題，引發了人民的強烈不滿。雖然人民沒有公然反抗，但對於官方的宣傳則消極應對。在這樣的情況下，要求所有人民都要展現出金日成的游擊隊員的樣子，已經是不可能的事情了，金正日只能運用既有的心理及手邊所有的資源來面對這次的危機。換言之，就是運用他與軍隊的良好關係。金正日打算運用軍隊擔任經濟面的前鋒，作為其他人民的模範。

事情能夠朝著金正日所想的方向前進，也多虧了朝鮮軍事傳統的守護神吳振宇元帥的逝世。這位十八年來擔任人民武力部長的老人於一九九五年二月二十五日辭世，繼任的崔光雖然是抗日游擊戰爭的元老，但他曾兩度遭批判，一度被關進收容所。他或許是有能力的軍人，但是沒有堅持的信念。因此金正日在吳振宇死後，才有了充分的行動自由。

苦難的行軍

金正日的第一個措施是在一九九五年十月八日公布將軍晉升名單。崔光與李乙雪皆被授與元帥的稱號。李乙雪是金日成游擊隊的元老成員，也是負責保衛金日成的老人。三位大將趙明祿、李河一及金永春被升為次帥，玄哲海則被升為大將。除了崔光於一九九七年二月去世外，這些將軍皆成為金正日最親近的協助者。趙明祿被任命為朝鮮人民軍總政治局長，金永春則擔任總參謀長。趙明祿可能是滿洲派趙明善的胞弟，在六〇年代中期，不管金正日前往何處，身旁皆可見到趙明祿兄弟及玄哲海的身影。一九九五年十二月二十三日，金正日就任最高司令官四週年的紀念集會上，趙明祿發表了下列的演說：

> 今日，我國人民軍隊將兵，不管狂風暴雨、天崩地裂，我們只信從敬愛的最高司令官金正日將軍。我們將成為忠孝一心的炸彈，內心抱著誓死的覺悟保衛將軍。軍隊內將徹底樹立主體的練軍體系。只要最高司令官一聲令下，我們將以身軀當作武器，衝鋒陷陣，擊沈敵艦，以這樣革命的軍風鞏固全軍。（《勞動新聞》十二月二十四日）

一九九六年元旦的文章被刊登在黨官方報、人民軍官方報及青年團體官方報的共同社論上。文章呼籲大家與「以金正日同志為首的黨中央委員會」團結一致。同時也出現新的悲壯訴求——堅持「苦難的行軍」精神。「『苦難的行軍』精神是靠自己的力量貫徹革命，自力更生、艱苦奮鬥的革命精神；是不管處在何種困境中皆不動搖，無懼失敗，突破難關的樂觀主義精神；是不求安樂，艱苦奮鬥、不屈不撓的革命精神」。「苦難的行軍」是滿洲抗日游擊戰的一環，指的是一九三八年十一月至一九三九年三月這段期間，金日成與他的部隊為了逃離日本軍的討伐，在雪地中行軍百餘日。據說在行軍的過程中，金日成與警護隊員、少年隊員間產生了很深的情感。

一九九六年二月七日，《勞動新聞》在頭版刊登了社論「以『苦難的行軍』精神生活、奮鬥吧」。這個標題日後也成為《勞動新聞》頭版最重要的口號之一。

第二階段是在一九九六年六月底，由人民軍士兵建造的金剛山發電所第一期建設工程的完工。七月二日金正日發布最高司令官命令，對忠實履行國防委員會及朝鮮人民軍最高司令部所下達的建設金剛山發電所「戰鬥命令」的軍人及建設人員表示感謝。金正日稱讚他們「高舉革命的紅旗，發揮了崇高的革命軍人精神、大眾英雄主義並無私地奉獻」。金正日總共訪問了這個建設現場三次。十月十四日，金正日同李乙雪、趙明祿，與執行建設工程的將兵們一同拍照留念。身後還懸掛了「誓死保護革命首腦敬愛的最高司令官金正日同志」的口號。

飢餓與大量死亡

一九九六年六月，美國決定追加援助北韓六百二十萬噸糧食，令北韓相當開心。七月，為了搜索韓戰美國士兵的遺骸，美國及北韓開始進行共同作業，此舉意味著同意美國人進入北韓境內。但是同年夏天，北韓再次遭到水災侵襲，導致農產嚴重歉收。根據北韓發表的資料，八道一百一十七市郡受害，受災民眾三百二十七萬人，損失的農地高達二十八萬八千九百公頃，損害總金額高達十七億美元。依FAO及WFP的調查報告（一九九六年十二月六日），七月二十四日至二十八日間，在黃海南北道、江原道、開城市下了六百三十至九百一十公釐的雨水，導致水災發生。跟前一年的災害相比規模較小，但連續兩年的水災直接侵襲穀倉地區，讓事態變得更加嚴重。原本預估穀物的收穫量為四百三十萬噸，但玉米的收穫量減少三十萬噸，收成的一半已經在八、九月消費完了，只剩下三百萬噸。到隔年收成為止需要的糧食最低量為三百八十萬噸，其他還需要五百三十六萬噸，因此尚不足二百三十六萬噸。以物

北韓的孩子們

易物的貿易方式可獲得五十萬噸，再加上提出援助的三萬噸，仍然不夠一百八十三萬噸。FAO及WFP的特別報告中指出，一九九七年的糧食不足比一九九六年「實際上來得更加嚴重」，而最嚴重的時期為一九九七年七至九月。

不久後即出現餓死的情形，犧牲的是因營養失調而喪命的弱小孩童，受災情況則以咸鏡北道最為嚴重。關於死者人數有各種推論，但根據美國研究人員馬庫思・諾蘭（Marcus Norland）的分析指出，死亡人數應該是六十至一百萬人之間（Haggard and Norland）。情況相當嚴重。受災嚴重的區域有不少人跨越江河，逃至中國境內。

一九九六年秋天，每天都重複打著「以出自白頭密林『苦難的行軍』精神生活、奮鬥吧」的口號。但是十月後半開始出現了新的口號「各位以革命軍人精神生活奮鬥吧」，而且這個口號自十一月開始，接連數天刊登在《勞動新聞》頭版。此口號主張「革命軍人精神正是今日的紅旗精神，也是『苦難的行軍』精神」，這個精神正是社會主義建設的原動力。

口號從「苦難的行軍」精神改成「革命軍人精神」，可看出北韓的游擊隊國家體制開始出現轉換。

正規軍國家的成立

一九九七年新年，三報*共同社論呼籲「為了讓『苦難的行軍』以勝利作結，呼籲大眾執行最後的突擊戰」，內容提到「即使死幾千幾萬次，我們都要抱著必死的覺悟，因為我們與朝鮮式社會主義是生命共同體」，「即使吃菜粥，我們都要有堅固的意志守護社會主義」。對人民軍更是抱著特別的期待。「人民軍隊是朝鮮革命的支柱，是完成主體革命偉業的主力軍。所有的人民將兵……身為最高司令官的第一禁衛兵、第一敢死隊，必須要做好萬全的準備。要讓軍人武裝政治思想，必須讓全軍都擁有誓死護衛元首的精神、槍砲彈精神及自爆精神」。這個論述也被用來教育青年組織的五百萬青年，成為槍砲彈誓死保衛最高司令官。

二月，人民武力部長崔光及第一副部長金光鎮相繼死亡。同月，黨書記黃長燁流亡一事公諸於世。他參加了在日本召開的主體思想國際研討會，歸國途中逃至北京的南韓大使館申請庇護。這令北韓感到相當意外，並對南韓表示綁架抗議。現職為負責國際問題的黨書記，同時也是朝鮮社會科學家協會委員長亡命他國，這在國家社會主義歷史上

*編註：指北韓的三大報紙《勞動新聞》、《朝鮮人民軍報》和《青年前衛》。

是前所未見的。

四月，針對人民軍的角色，總參謀長金永春發表了金正日的新想法：

> 偉大的軍事英才、敬愛的最高司令官同志打破長久以來的既定觀念，對革命軍隊提出了新的主體思想理論，並輝煌明確地實現。敬愛的最高司令官同志提出了獨創的重視軍隊的思想，認為軍隊即是人民、國家、黨。鞏固人民軍隊作為革命主體的核心力量、完成主體偉業的主力軍地位，強化人民軍隊成為忠孝一心、無敵必勝的強大黨軍。（《勞動新聞》四月十日）

如果軍隊即是人民、國家、黨的話，那最高司令官及軍隊就代表全部。現在是最高司令官及軍隊負責管理國家與黨，根據平井久志的說法，這個理論是在同年二月十五日金正日誕辰五十五年慶祝大會上率先由金永南提出，而他不過是說明了金正日與軍人們的想法而已。

五月十九日，《勞動新聞》刊登了文章〈以革命式軍人精神，奮力讓「我們式」社會主義的偉業向前邁進吧〉。文章中名言，人民軍隊「是『我們式』的社會主義的根本，是革命的大學」。「生產、學習、生活都要像人民軍一樣，本黨黨員與勞工自動自發，成為社會的風氣」。文章中解釋，人民軍隊創造出的「社會主義的新文化」是「火線式政治事業」，這是「於誓死的戰場上進行最具戰鬥性的政治事業」。

報紙上還寫了士兵及軍官與農民一同工作的故事。內容還寫到某個郡的人民軍指揮官與郡的領導層溝通，「在每個地區組織戰鬥指揮所，要以機動調度種田戰鬥的霸氣來指揮組織」。

十月八日，金正日被推舉為朝鮮勞動黨總書記，但在這之後他的行動完全沒有變化。被選為總書記兩天後，他訪問了人民軍第五六四部隊。十月二十二日訪問新的牧場，而這也是人民軍的設施，他所激勵的牛就是人民軍的牛。

在新體制下的決策，是由黨中央委員會與黨中央軍事委員會共同發表。這個署名首見於一九九七年七月「主體曆」的制定，以及將金日成的生日訂為太陽節的決定。而決定推舉金正日為黨總書記的報告也出現相同的署名。

人民軍最高司令官成為黨總書記，也就是軍隊掌握了黨。取代游擊隊國家的這個體制，可以稱作「正規軍國家」。這是金正日繼承的體制，但同時也是處在經濟崩潰與糧食危機之中的非常事態體制。以軍隊為國家中心的例子屢見不鮮。最近似的例子，就是一九六一年南韓因軍事政變而誕生的朴正熙軍事政權。從游擊隊國家轉成正規軍國家，某種程度上也代表從劇場國家轉變成檯面上的國家。

因修憲而生的國防委員會

最高人民會議是以一九九〇年的選舉為基礎成立的，四年任期於一九九四年結束。但是因為金日成的死，加上糧食危機等非常事態，所以並未重新舉行選舉，也未選出最高人民會議的國家主席，而且一九九五年至一九九七年的預算也都沒有接受正式的審查。這等同於一九七二年憲法停止的意思。

一九九八年七月二十六日舉行了最高人民會議選舉。接著在九月五日召開最高人民會議第十期第一次會議。第一項議題就是修憲。最高人民會議常設會議議長楊亨燮的提案獲得全場一致認同。新憲法增加了「序論」，規定金日成的憲法地位：「朝鮮民主主義人民共和國與朝鮮人民，在朝鮮勞動黨領導下，崇敬我們共和國永遠的主席——偉大的首領金日成同志，擁護、鞏固、傳承、發展金日成同志的思想與功績，貫徹主體革命的偉業」。依照上述內容，金日成在死後被定位成「永遠的主席」。

新的憲法取消了一九七二年憲法中關於「主席」、「中央人民委員會」的規定，「國家機構」中的第二節變成「國防委員會」。國防委員會被視為是「國家主權的最高軍事指導機關，全面性的管理機關」（第一百條）。第一〇二條提到國防委員會「負責一切武力的指揮、統率，以及整體國防事業的指導」、第一〇三條則列舉了國防委員會的任務及權限等事項，這與第一百條後半規定的內容有關。第一百條規定的前半部提及「國家主權的最高軍事指導機關」，才是國防委員會的核心規定。

最高人民會議的第二項議題是選出國防委員會委員長，而金正日獲得推舉。金永南發表了推舉演說提到，這個職責是「統率指揮國家的整體政治、軍事及經濟力量，守護社會主義祖國的國家體制與人民的命運，領導組織國家防衛能力及整體國力強化發展的最高職責，我們背負祖國的榮譽與民族尊嚴的神聖責任」。換言之，國防委員會委員長等同於國家主席，國防委員會則取代了中央人民委員會。

獲選為國防委員會其他成員的名單如下：

第一副委員長：趙明祿
副委員長：金鎰喆、李勇武
委員：金永春、延亨默、李乙雪、白鶴林、全秉浩、金鐵萬

其中，金鎰喆是前海軍司令官的人民武力部部長。李勇武在七〇年代初期擔任軍隊的總政治局長，軍階為上將。一九七七年失勢，一九八五年復權後，陸續擔任社會安全部政治局長及國家檢閱委員會委員長，從一九九一年起擔任交通委員會委員長。之後獲

得拔擢，擔任國防委員會副委員長的同時，軍階也升為次帥。延亨默前總理曾經被貶為慈江道人民委員會委員長，但他在當地做出政績，因而獲得提拔。全秉浩為主管軍事工業的黨書記。李乙雪、白鶴林與金鐵萬則是滿洲派殘存的老人。

另一方面，最高人民會議常任委員會擴大了原有的權限，將國家主席接受外國使節到任國書的權限轉給最高議會常任委員會委員長。同時設立名譽副委員長一職，目的是恭奉年長者之用。選舉的結果如下：

委員長：金永南（外交部長）
副委員長：楊亨燮（最高人民會議常設會議議長）、金永大（社會民主黨委員長、新當選）
名譽副委員長：李鍾玉、朴成哲、金英柱、全文燮

這個委員會除了委員長及副委員長以外，是個沒有實權的組織。而總理洪成南以下的內閣成員皆獲得認可。如此一來，「正規軍國家」就有了法律的依據。

但這是表面上的國家，背後仍有其他組織在運作。這些背後的組織就是黨的書記局與地方的黨組織。若是少了這些組織，朝鮮民主主義人民共和國就無法延續下去。但是

勞動黨政治局仍不見蹤影，比起以黨領國，正規軍國家是以軍領國的體制。

南北經濟交流的開始

此時的南韓，於一九九七年底，金大中終於在民主化之後第三次的總統選舉中獲得勝利，並於一九九八年二月就任總統。金大中即刻打出陽光政策、包容政策。政策內容為強化安保、促進經濟交流、不考慮吸收統一。在這個政策之下，南韓現代集團的鄭周永會長以出身北邊，與北韓進行交涉，進行了名勝金剛山的觀光開發計劃。計劃始於一九九八年十一月。現代峨山公司約定從一九九九年一月開始的六年三個月內，支付北韓九億二千四百萬美金。剛開始三個月，參觀者就已經超過兩萬人。這是南北關係史上的全新的一頁。

建立強盛大國目標

鞏固體制的同時，九月九日《勞動新聞》的社論「遵從偉大的領袖，一同建設社會主義強盛大國」，提出了朝向新體制發展的國家目標——「建設社會主義強盛大國」。這一詞首次出現在八月二十二日的《勞動新聞》上。但短期內仍在準備階段，未舉行盛大的活動。到了一九九九年元旦，三報共同社論刊登了「本年是建立強盛大國的偉大轉換年」，宣布活動正式開始。內容還引用了金正日的話「所謂的強盛大國，指的是社會主義強盛大國。國力強大，萬物興隆，人民樸實地過生活的國家，就是社會主義強盛大國」。

北韓已經成為政治強國、軍事強國，剩下的就是得到「經濟強國的地位」。換言之，「強盛大國」的口號，對於長久處在經濟危機中失去信心的國民來說，意味著北韓將朝著經濟飛躍的目標發展，具有鼓舞民心的作用。

「先軍政治」的自我認識

半年後，於一九九九年六月十六日，三報共同社論刊登了「本黨的先軍政治是必勝不敗的」。這是金正日的體制，他稱作「先軍政治」，而我稱其為「正規軍國家」。

敬愛的金正日同志以革命及建設實現的基本政治方式為先軍政治。這種偉大的政治在逆境中成為守護社會主義的堡壘，同時開拓了強盛復興的新時代，創造了因禍得福的奇蹟。實際上，正因為有先軍政治，才能夠解決各種現代社會主義政治所產生的問題，顯示出先軍政治為不敗的政治。

文章中提到先軍政治「以軍事優先的原則，用革命及建設來解決發生的所有問題，並以軍隊作為革命的支柱，全力推動社會主義偉業的領導方式」。先軍政治是「以軍隊即是黨、人民、國家這個革命哲學為基礎」，「在黨、國家、社會生活的所有領域，都必須要徹底貫徹重視軍隊的思想」。

金正日意識到這異於以往的政治方式，因此稱此為「先軍政治」，我稱之為「正規軍國家」。「先軍政治」也稱作「先軍革命領導」、「先軍革命路線」等等，沒有太大的差別。

此政治體制並非短時間的政策。「我們將先軍革命路線視為革命戰略的路線，必須要維持一貫性堅持下去」，「只要有偉大的先軍革命路線，以及敬愛的金正日同志的出色領導，金日成朝鮮的尊嚴及威容會響徹全國，這片土地上一定會誕生一個社會主義的強盛大國」。

第九章

激盪中的北韓（二〇〇〇—二〇一二）

金大中與金正日（2000年6月14日）

與俄國關係正常化

二〇〇〇年是北韓外交政策出現很大轉變的一年。首先是與俄國的關係正常化。從蘇聯經濟改革到蘇聯社會主義體制瓦解的這段期間，北韓與蘇聯內部的反葉爾欽勢力以及繼承共產黨的各黨互相交流，強烈反抗蘇聯。但是一九九六年的總統選舉，共產黨的候選人朱加諾夫（Gennady Zyuganov）敗給葉爾欽，不得不拋棄復辟的夢想。二〇〇〇年普丁（Vladimir Putin）總統上台，提倡「強勢俄國」，北韓因而對俄國抱持好印象。二〇〇〇年二月九日，北韓與俄國簽署《朝俄友好睦鄰合作條約》。這與過去的相互援助條約不同，雖然未提及遭到侵略時須提供軍事援助，但規定「要盡速聯絡對方」。普丁於同年七月訪問北韓，這是俄國元首第一次訪問北韓。北韓也終於接受蘇聯社會主義體制瓦解的事實，這對北韓來說是一大轉變。

南北首腦會談

其次是南北首腦會談。一九九九年六月於西海發生了南北韓海軍的戰鬥，但完全未影響金大中總統推動「陽光政策」*之舉。在二〇〇〇年三月，金大中發表《柏林宣言》，為首腦會談鋪路。

二〇〇〇年六月十三日，金大中總統搭乘的飛機抵達平壤順天機場。總統夫婦從登機梯上走下來，金正日國防委員長則在下方迎接，兩位首腦互相擁抱。這是歷史上的重要一幕。南北首腦會談經過認真的協商後達成協議。兩位首腦簽署了《六．一五共同宣言》，內容為統一問題採自主性原則、確認統一方案的共通性、重啟離散家族的會面、經濟均衡發展的相互交流等。雖然沒有書面明文記載，但這是南北韓互相承認對方，並約定好不開戰的宣言。

美國與北韓接觸

第三項是與美國政府接觸。二〇〇〇年十月，北韓第二號人物國防委員會第一副委員長趙明祿被派至美國。身兼人民軍總政治局長，也是現役次帥的他，先著西裝與美國

---

* 編註：又被稱為「包容政策」。金大中提出「南北聯合階段、聯邦階段、完全統一階段」的三階段漸進式和平統一方針，要點包括和平協議核子問題、深化南北合作、促進例行南北軍事會談、實現南北經濟共同體等。

國務院的國務卿歐布萊特（Madeleine Albright）會面，三十分鐘後換穿軍服，在白宮與柯林頓總統會面。他將金正日親筆寫的書信遞交給柯林頓，並邀請他訪問平壤。柯林頓則答覆說，會先讓國務卿歐布萊特前往平壤。

十月二十三日，歐布萊特訪問北韓，與金正日進行會談。歐布萊特認為北韓應該要開放，金正日則反問：「所謂的開放是什麼意思呢？」並說「我們不會接受西洋式的開放。開放會造成我們的傳統受到損害」。歐布萊特再問：「那你打算以哪邊為範本呢？」金正日則回說「我對中國的方式沒興趣，我們的模範之一是瑞典，基本上是社會主義國家，瑞典相當合適」。他更說，「泰國維持強而有力的皇室體制，經歷歷史上的風風雨雨，仍維持國家的獨立，而且擁有市場經濟。我對泰國的模式也很感興趣」。

歐布萊特曾提到，金正日是「知性之人」，「雖然孤立，但是消息靈通」，「他從不絕望，也不擔心。他所期望的是與美國維持正常的關係」（Madeleine Albright）。歐布萊特認為總統必須訪問北韓，而這也是柯林頓所期望的。

但是不幸的是，年底的美國總統選舉，高爾（Al Gore）敗給了共和黨的布希（George W. Bush）。柯林頓無法毅然決然地做出訪問北韓的決定，兩國因此錯失了改善關係的機會。

提倡新經濟政策

然而金正日仍持續向前邁進。他期待北韓的對外關係有所變化，並打出新經濟政策。二〇〇一年元旦，三報共同社論上發表了「以現代技術改建整體人民經濟」的方針。「改建」一詞，是英文reconstruction，俄文perestroika的翻譯。必須要用現代技術來進行經濟改革，不然無法發展經濟。因此需要新的手法與思考方式，「要符合新世紀的要求，思想觀點與思考方式、鬥爭風氣與工作態度，都必須要進行根本的改革」。這等同於「新思考」的主張。「偉大的金正日同志總是望向未來，採取大型作戰，進行大膽的改革。我們革命戰士要擺脫舊觀念，以金正日同志的方式生活，必須活在嶄新之中，有更卓越的成長。」戈巴契夫提倡的經濟改革及新思考，對北韓來說也是不可或缺的。

接著在一月四日的《勞動新聞》，刊登了金正日語錄：「我們不能活在過去所建立的基礎上，而必須符合新時代的要求洗心革面」，「勇於捨棄該捨棄的事物，進行技術改革」。金正日委員長才是新思維的點子王。

而北韓的幹部與國民如何接受一連串的改革呢？支撐戈巴契夫經濟改革的第一根柱子是言論自由，這正是金正日的「改建」所缺乏的。若是缺少了這項，就不會有新思考。金正日的改革讓北韓陷入不知所措。

摸索改善日本與北韓關係的方法

由於與美國關係的改善似乎無望，因此金正日尋求別的出路。他將目標轉向日本。二〇〇〇年底，北韓為了改善日朝關係，與森喜朗首相進行祕密交涉，北韓提出在首腦會談中達成協議的方案。二〇〇一年一月，森喜朗派心腹中川秀直議員前往新加坡。金正日的特使姜錫柱外交部第一次長，向中川表明要日本針對殖民時期所帶來的痛苦及受害進行補償，並提出經濟協助的方式。關於綁架問題，則「希望」在首腦會談中「解決」，或是「整體進行討論」（森喜朗對談，《諸君》二〇〇二年十二月號）。北韓為了重建經濟，若是要導入國外的現代技術，從日本取得是相當理想的，因此希望透過兩國邦交正常化，以獲得日本經濟的協助。森喜朗將這席話傳遞給外務省，但是外務省的官員們遲遲無法做出決定。森喜朗與俄國總統普丁發表了伊爾庫次克（Irkutsk）聲明*，但四月就被迫辭去首相一職，與北韓會談一事也就此打住。

經濟改革

對於一月的新思考政策，人民並未出現應有的反應，這讓金正日感到相當焦急。同年十月三日，經濟方面的負責人針對改善經濟管理進行會談。根據平井久志拿到的公開資料顯示，會談中金正日提出了以下幾點：強調追求實質利益、廢除平均主義、貫徹符合勞動的分配制度、地方分權化、以及採取企業的獨立收益制度（《世界》二〇〇四年十一月號）。

經濟的「改建」刻不容緩。因為生活困苦、糧食不足而逃至中國的脫北者增加，而逃至南韓的人數，二〇〇二年超過一千人。同年五月，電視上播放了逃至中國瀋陽日本領事館的脫北者一家人的畫面，令人印象深刻。

到了二〇〇二年七月一日，北韓實施了具體的經濟改革。內容等同蘇聯的震撼療法，將物價與薪資大幅調升。地下鐵及公車的票價上漲二十倍，薪資則上漲十五至二十倍。農民市場獲得政府認可，並在都市設立公有市場，也認可企業在市場進行交易，但仍無法確保庶民的生活必需品。為了因應如此困難的情況，北韓允許市場經濟，任何人都能夠進行物品的買賣交易。

＊編註：二〇〇一年三月二十五日，森喜朗與普丁於俄國伊爾庫次克舉行首腦會談，簽署了承認一九五六年《日蘇共同宣言》有效性的《伊爾庫茨克聲明》，其中也討論到齒舞群島、擇捉島等北方領土的協商提案。

日朝首腦會談與日朝平壤宣言

北韓仍未放棄與日本進行交涉一事。小泉純一郎擔任首相後，這次換北韓主動聯絡日本外務省的亞洲大洋洲局長田中均。田中局長遵照首相官邸的指示，於二〇〇一年九月開始與北韓進行祕密交涉。此時美國發生九一一事件，國家陷入混亂狀態。布希總統以阿富汗提供蓋達組織訓練基地為由，於十月四日開始對阿富汗進行轟炸。二〇〇一年年底，日朝兩國間也發生了事件。十二月二十二日，在距離奄美大島二百三十公里的海面上發現北韓的「可疑船隻」，日本的海上保安廳巡邏船追了九個小時後，仍被船隻逃離。遭到槍擊的船隻爆炸後沈沒，船上人員全數死亡。日本當局將船隻打撈上岸，從船上發現走私安非他命的證據。北韓對這件事保持緘默。日朝雙方尊重祕密交涉此事。

田中均局長與北韓國防委員會X先生的祕密交涉，從二〇〇一年秋天開始至二〇〇二年進行了二十多次。其間，布希總統在二〇〇二年年初的國情咨文中提到，伊拉克、伊朗及北韓這三國是「邪惡軸心」，下次發動戰爭的對象應該就是這三國的其中之一。理所當然，日朝交涉是瞞著美國祕密進行的，故日本政府內部也只有少數人知道。

雙方終於達成協議，並在二〇〇二年九月十七日於平壤召開日朝首腦會談。會談一開始，金正日國防委員長對小泉首相說：「首相直接訪問平壤的這個舉動，讓我覺得日本不是似近又遠的國家，而是真正的鄰國」。

小泉首相對朝鮮殖民地統治所帶來的損害及苦痛進行反省及謝罪，基於謝罪的立場，同意提供經濟援助，也表明會努力加速實現邦交正常化。針對綁架問題，金正日提到「我想藉這個場合表示我的遺憾及抱歉。我們會做適切的措施，防止相同的事件再度發生」。他對情報船隻侵入領海一事道歉，表示不會再有同樣的情況發生，同時也同意設立針對核子問題進行協議的六方會談。金正日希望與美國針對核子問題進行協商：

若是布希總統願意與我們進行協商，我們已經做好準備。美國也應該展現誠意。日本與美國是同盟關係，是美國最信任的亞洲國家。我希望日本的領導人小泉首相能夠努力解決這個問題。（NHK Special《祕錄日朝交涉》）

兩位元首簽署了《日朝平壤宣言》。而北韓在另一個場合公開了遭到綁架的日本人名單，十三名中有五名仍活著。

會談結束分別時，金正日委員長對小泉首相說：「期待邦交正常化後的會面。我很期待你能拿出碩大的成果」。金正日認為，平壤宣言為邦交正常化鋪了一條路，往後只要外交官們努力，就能夠實現邦交正常化。

這次日朝首腦會談的成功，跟金大中總統進行的南北經濟交流如出一轍，也是相互協助的方式。二〇〇二年十一月，北韓政府制定了相關法令，讓南韓企業能夠進駐開城工業區。之前於二〇〇〇年的首腦會談上所提到的南北不再開戰的協議，是形式上的決定。

十二月的南韓總統選舉，由繼承金大中陽光政策的盧武鉉當選。

兩國關係因綁架問題觸礁

但是日本的情勢卻出乎意料地逆向而行。小泉首相歸國後，日本國民一開始的反應是不錯，但是陸續有團體提出質疑，被綁架的八人死亡的證據在哪，而主張應該要徹查。這讓情勢有所變化。無視綁架問題，主張日朝邦交正常化，讓邦交正常化運動的相關人士遭到攻擊中傷。田中均局長甚至被說成是賣國賊。北韓同意生存下來的五名綁架被害人短期歸國，約定於十月十五日返回北韓，但日本反悔，沒有讓五人回到平壤。家屬不想讓他們回去，因此要外交官說短期歸國的約定根本不存在，但這很明顯的就是背信。兩國關係變得相當緊張。

核武問題與六方會談

此時美國也派遣國務院亞太事務助卿凱利（James A. Kelly）前來訪問，而北韓主張自己進行濃縮鈾的實驗，並以此牽制日本。結果正常化的交涉只在同年的十二月進行過一次，之後日朝雙方呈現斷絕往來狀態，因為這違背了金正日的期待。

北韓擁有鈾礦山，只要將國產的鈾濃縮後使用，就不需從國外進口。濃縮鈾是長久以來的計劃，但在南北非核化宣言中，約定好不使用濃縮鈾。遭到美國咎責的結果，就是北韓於二〇〇三年一月宣布退出NPT。

北韓持續警戒美國的攻擊，擁有核武對國防來說是不可或缺的想法也更加強烈。三月，美國以伊拉克擁有大規模殺傷性武器為由轟炸伊拉克，並派軍登陸攻擊。北韓領導層在這場戰爭中看清了美國的本質。

同時期也因為中國從中斡旋，針對北韓核子開發問題，成功召開了美國、中國、北韓、南韓、俄國、日本的六方會談。首先是二〇〇三年四月在北京召開美中朝三方會談。依當時的協議，再邀請南韓、俄國及日本，形成六方會談。第一次六方會談於同年八月二十七日於北京召開。北韓認為，為求自保參加多國間的協議是相當有幫助的。

二〇〇三年九月，最高人民會議上進行了國防委員會的改選。滿洲派的李乙雪、白鶴林、金鐵萬遭到解任，副委員長則由延亨默擔任。委員中還起用了沒沒無聞的新人崔龍洙及白世鳳，崔龍洙同時擔任人民保安部長。而總理則由朴奉珠（前化學工業部長）取代洪成南。

六方會談於隔年二月再度召開，但是遲遲無法達成協議，會議運作呈現空轉狀態。

小泉首相再度訪問北韓

二〇〇四年四月二十二日，平壤與新義州之間的龍川火車站發生坦克車爆炸事件，造成一百五十人死亡，一千三百人受傷。北韓公開了受災的狀況，並請求援助。五月底來自日本的代表（團長為和田春樹）帶著六百三十八萬日圓的救援金訪問平壤，北韓同意代表團搭乘汽車訪問受災現場及新義州的醫院，現場的人們也表示感謝。

在此之前，小泉首相再度前往平壤，這次是為了替歸國的五人的家族進行交涉。五月二十二日，小泉在羽田機場召開記者會，表明希望能製造一個契機，讓日朝之間「不正常的關係變正常，將敵對關係轉成友好關係，對立關係轉成交流關係」。根據NHK Special節目《祕錄日朝交涉》，會談一開始金正日就提到「再次來訪是件好事」，並發表了下列的內容：

我要提出我所擔心的部分。這次會談後若是內容遭到全盤否定，那我就是陪首相在演一齣戲，曲終人散，不會有任何正面的幫助。我們前一次勇敢地採取了措施，我認為綁架問題在那時就解決了。但是首相在回國後，發生了複雜的問題，令我們相當失望。即使是民主社會，元首也是有權限的，但是身為政府元首的首相，權限應該沒有這麼容易崩解。我只能表示我的失望。

NHK並沒有介紹小泉首相如何回應這番相當直接的聲明，但小泉首相應該會道歉，要北韓不要擔心，並承諾這次會做好，表達自己要讓兩國邦交正常化的決心。

小泉要求的是北韓徹底查清「八人死亡的真相」，以及讓已經歸國的五人的家屬返回日本。金正日同意重新調查八名已經死亡的日本人，同時馬上讓蓮池家與地村家的小孩回國，並允許曾我瞳的丈夫詹金斯（Charles R. Jenkins）在第三國與孩子們會面*。小

*編註：歸國的五人分別是地村保志與濱本富貴惠夫婦、蓮池薰與奧土祐木子夫婦，以及曾我瞳，五人皆於一九七八年被綁架。地村保志與未婚妻濱本富貴惠出遊時被綁架，一九七九年在平壤結婚，育有一女二子。蓮池薰與女友奧土祐木子分別被綁架至北韓，二人於一九八〇年在平壤結婚，育有一子一女。曾我瞳則於一九八〇年與前美國士兵詹金斯結婚，育有二女。歸國五人的孩子們與曾我瞳的丈夫皆於二〇〇四年日朝首腦會談後被送往日本。因詹金斯為叛逃到北韓的美國軍人，為免有美國軍法起訴的問題，在協調期間選擇先於印尼的雅加達與家人團聚。

泉首相則答應提供北韓二十五噸的糧食援助及醫藥品援助。

核子武裝的意圖

會談剩下的部分，小泉首相針對北韓的核子開發問題表達相當直接的意見，金正日也應對得非常好。金正日明確地說明北韓擁有核武的意圖：

今天我想跟首相說的是，擁有核武對我們來說完全沒有任何好處。只是對於美國傲慢無禮的態度，我們為了先發制人才採取這個方法。但這只會讓我們的心情變差。對方用棒子毆打，我們不能忍氣吞聲。我們是為了生存權才擁核的。若是能夠保障生存權，那麼核武就毫無用處了。

由此可看出，金正日對於美國發動伊拉克戰爭，打倒海珊（Saddam Hussein）政權一事感到相當恐懼：

美國不提自己的所作所為，反而主張北韓應該放棄核武，這根本說不通。完全放棄核武是強行要求戰敗國的舉動，但我們並非美國的戰敗國。要我們像伊拉克一樣無條件解除武裝，令人無法接受……若是美國用核武攻擊，我們還拱手保持緘默的話，結果就會跟伊拉克一樣。

此時金正日也相當積極尋求與美國進行對話的機會：

我們希望透過六方會談，與美國進行二重唱。我們想與美國一同歌唱，唱到喉嚨沙啞為止。要達成這個目標，還需要周邊各國的弦樂伴奏。若是伴奏很出色，二重唱就會更加理想。

曾我瞳的家人日後前往印尼，轉到日本永久居留。詹金斯出席美國的軍法會議作證，審判後獲釋。他在記者會上提到，逃亡後在北韓的生活是「狗的生活」。北韓同意詹金斯一家人永住日本，對詹金斯的行為舉止沒有發表任何意見。

期待遭背叛

同年十二月二十四日，日本外務省亞洲大洋洲局長藪中三十二訪問北韓，取得了重新調查的結果與橫田惠*的遺骸之後歸國。仔細調查內容發現，橫田惠的病歷只到一九九三年九月為止，距離死亡還有一段時間。多人的交通事故相關資料有不少地方遭到塗改，訪問的記錄也相當不完整。橫田惠的骨灰曾經過高溫焚燒，但仍進行了DNA鑑定。警視廳得不出結果，但是帝京大學提出報告顯示，骨灰不是橫田惠，而是另有其人。接收到這個報告的細田博之官房長官斷定「驗出別人的DNA，顯示這是別人的骨灰，不是橫田惠小姐的」。這是不合邏輯的結論，驗出別人的骨灰，也有可能是骨灰內摻雜了他人的DNA。但日本政府對北韓主張這並非橫田惠的骨灰，對北韓提出抗議，兩國關係再度陷入膠著。北韓對鑑定結果表示抗議，要求返還遺骨，並提出重新鑑定的期望。但是日本拒絕返還剩下的遺骨，也不答應重新鑑定。金正日再次遭到背叛。

二〇〇五年九月六方會談聲明

六方會談中，美國與北韓提出各自的方案，進行攻防戰。二〇〇四年底美國的總統選舉由布希連任。布希稱北韓是「暴政據點」[†]，對北韓仍保有敵意。北韓外交部於二〇〇五年二月十日宣布，只要布希政權不改變敵視政策，北韓將無限期中止參加六方會談，並表明製造核子武器一事。

布希政權受到相當大的打擊。對北韓施壓卻無法讓北韓放棄核武，因此必須採取新的方法。努力的成果，就是於二〇〇五年九月召開的第四次六方會談。這次會談交出了劃時代的成果。九月十九日兩國發表共同聲明，北韓宣布「放棄所有核武及既有的核子計劃，同時約定盡速重返《不擴散核武器條約》及IAEA保障措施」。美國則宣布「朝鮮半島不保有核武」，並「確認北韓不會動用核武及一般武器進行攻擊或侵略」。北韓主張「和平利用核能的權利」，獲得其他五國的尊重，並同意未來將提供北韓輕水反應爐。美朝兩國也約定互相尊重主權、和平共存，並採取邦交正常化的措施。日朝兩國則遵守平壤宣言，約定好採取邦交正常化的措施。六國也同意進行經濟協助，五國也表

*編註：橫田惠於一九七七年被綁架，當時是十三歲的新潟市的中學生。北韓表示橫田於一九八六年結婚，隔年產下一子，一九九四年（另一份報告說是一九九三年）住院，並於醫院中自殺身亡，於一九九七年火葬。二〇〇四年北韓歸還橫田遺骸的一部分。

†編註：此稱呼為美國國務卿萊斯（Condoleezza Rice）於二〇〇五年一月十八日，在參議院外交委員會作證時提出，她指北韓、白俄羅斯、緬甸、古巴、伊朗、辛巴威七國為「暴政據點」（outposts of tyranny）。

明有意支援北韓的能源發展，以實現了「朝鮮半島可檢證的非核化」。六國「為東北亞地區永續和平與安定共同努力」，「一同探求促進東北亞地區安保方面的合作方案」。這雖然是劃時代的協議，但不過是約定罷了。

達成協議後，原本值得期待後續發展，但很快就陷入膠著。美國財政部因為北韓偽美鈔的問題，要求凍結北韓在澳門「匯業銀行」（BDA）的帳戶。北韓強烈抗議，表明若是不解除金融制裁，就不參與六方會談。

核試爆與經濟制裁

二〇〇六年五月左右開始，北韓發射飛彈的動作頻頻，可看出北韓希望以此換取跟美國交涉的機會。但美國對此視而不見。到了七月五日，北韓發射了長距離的彈道飛彈大浦洞二號及六枚短射程的飛彈。美國則採取了前國防長官的意見，若是北韓發射飛彈，美國應該要事先攻擊，破壞飛彈本身。

而日本小泉政府對此事表現出前所未有的強硬態度，並在當天發表了對抗北韓方案。禁止萬景峰號*入港，禁止北韓政府官員入境，無限延期日本政府職員的出國行程，要求國民盡量不出國，並管理飛彈核子相關物資的出口。七月十五日，聯合國安理會在第一六九五號決議中譴責北韓，並呼籲各國防止飛彈相關物資及資金轉移至北韓。日本政府也於九月十九日採取了措施，防止飛彈、大規模破壞性武器的相關資金轉移至北韓。

小泉下台後，政權轉移至安倍晉三內閣。安倍首相在內閣成立三天後，設立「綁架問題對策本部」，首相為本部長，官房長官為副本部長，全體閣員皆為成員。

另一方面，北韓對制裁提出強烈抗議，十月九日進行了地下核試驗。日本政府發表聲明譴責，於十月十一日宣布第二次全面制裁措施：禁止北韓所有船隻入港，全面禁止來自北韓的進口，禁止北韓人入境。

日本政府於十月十六日召開綁架問題對策本部的第一次會商，確立「不解決綁架問題，就不可能與北韓邦交正常化」的原則，同時宣布「與政府同心協力，讓所有遭綁架的受害者都能生還」。十二月十日至十五日，為日本政府制定的「北韓人權侵害問題啟發週」。活動開始當天，全國報紙第六版半版刊登了安倍首相的大頭照及政府宣傳廣告。上面寫道「在所有遭綁架的受害者皆生還的前提下，政府將傾全力救出所有被害者」，宣布「綁架問題是我國最重要的課題」。

＊編註：萬景峰號是北韓的朝鮮大進船舶公司擁有的九千噸客貨兩用船，曾行駛於北韓元山港與日本新潟港間，為兩國間僅有的客運直航航班。

日本與北韓停止貿易往來

日本與北韓的貿易已經急速萎縮。因為製造大量破壞武器，必須要跟出口業者確認是否能夠使用來自日本的出口品，貿易方面遭受到很大壓力。北韓對日本的進出口量，高峰的一九八〇年代達到五億五千四百三十五萬美元，二〇〇三年為二億六千四百萬美元，到了二〇〇五年則銳減為一億九千四百萬美元。減少的部分由中國及南韓填補。中國與北韓的貿易金額在二〇〇三年為十億二千四百萬美元，到了二〇〇四年增為十三億八千五百萬美元。北韓與南韓的貿易金額在二〇〇三年為七億美元，二〇〇四年則為七億二千萬美元。由於日本禁止從北韓進口，日朝貿易只有日本單方面的出口，二〇〇七年的金額為九百三十萬美元。但是中國、南韓在北韓的貿易中占了重要地位，即使與日本的貿易量大幅減少，對北韓也沒有影響。

美、日與北韓再次接觸

日本採取強硬政策的同時，美國則出現了批判的聲浪，認為施壓仍無法防堵北韓的核武，布希政權開始轉換方針。美國亞太事務助卿希爾（Christopher R. Hill）於二〇〇七年一月中旬，在柏林與外交部次長金桂寬進行會談，同意解決澳門匯業銀行的問題，並重啟六方會談。改變北韓政策的布希政權，在此與安倍政權的北韓政策正式分道揚鑣。

二月重啟六方會談，並於二月十三日達成協議。北韓將停止並封鎖寧邊的核子設施（包含再處理設施）的運轉，最終目的是完全放棄。美國也開始與北韓進行外交關係的協商，同時將北韓從「支持恐怖主義國家」（支恐國家）的黑名單中剔除。五國同意分階段援助北韓重油，初期及第二階段分別提供五萬噸，並以九十五萬噸為上限。

但是日本由於綁架問題尚未解決，表明無法提供重油。九月初在日內瓦召開的美朝實務接觸上，同意將北韓從支恐國家名單中剔除。

此時安倍首相因病情惡化，加上國際社會的壓力而辭職下台。接任的自民黨總裁福田康夫則主張改變北韓政策。十月二日，結束任期的盧武鉉總統訪問平壤，與金正日委員長進行首腦會談。作為年底位於寧邊的核設施將關閉的象徵，北韓將冷卻塔炸毀。因與美國的關係改善而心情大好的北韓領導層，在二〇〇八年元旦的三報共同社論中提到，新的目標是在二〇一二年金日成誕辰一百年「開啟強盛大國的大門」。「在先軍革命烈火之中建立起強而有力的政治、軍事威力，並以此為基礎，提升我國的經濟與人民生活的水準，到了二〇一二年時，一定要開啟強盛大國的大門」。

北韓也期望改善與日本的關係，因此於二〇〇八年，與福田內閣進行交涉。亞洲大洋洲局長齋木昭隆與宋日昊大使，六月與八月兩次在瀋陽與北京會談進行意見交換。六月十一、十二日，日本解除了三項制裁（解除人員往來的規定限制、解除班機直飛的限制、允許北韓船隻以人道救援的目的入港），北韓也同意重新調查綁架問題。但是自民黨內部出現反彈聲浪，到了八月十一、十二日，只解除了前面兩項的制裁，如此一來就能夠設立綁架再調查委員會。但依照宋日昊大使的說法，福田首相為了改善與北韓的關係，認為製造良好的氣氛是很重要的，日本政府在談論綁架問題時應謹言慎行，避免讓兩國關係惡化，決定不在國際舞台上進行反北韓的宣傳行為。

但是日本政府還沒有任何行動，九月一日福田首相就交出了政權。而此時的金正日則因腦中風而倒下。

金正日生病

二〇〇八年九月九日，北韓於平壤的金日成廣場舉行建國六十週年的典禮，以及軍事遊行的表演。但是台上卻不見金正日的身影，可見八月底因腦中風而倒下的資訊是正確的。美國於十月十一日將北韓從支恐國家名單中剔除，但北韓的前景仍一片霧茫茫。

金正日倒下，後繼者就成為刻不容緩的問題了。六十六歲的金正日就算跨越這個危機，但能夠活到什麼時候，是他本人及周圍的大家都必須思考的事情。在北韓的體制下，若是要討論繼承人問題，就只是考慮要選金正日的哪個兒子，除此之外的議論是不可能存在的。

金正日第一任妻子是南邊出生的女演員成蕙琳，兩人在一九七一年生下長男金正男。她患有精神疾病，日後在莫斯科進行療養。到了七〇年代末期，大阪出身的在日朝鮮人，前往北韓擔任歌舞團團員的高英姬成為下一任夫人。兩人在八〇年代初期分別生下次男金正哲及三男金正恩。三個兒子中，又以軍人的金正恩最適合成為後繼者。一九八三年出生的金正恩，於一九九六年進入瑞士的國際學校及公立學校就讀，二〇〇一年回國後，進入金日成軍事綜合大學，三年後畢業。

報導指出，金正日於十月四日前往觀看大學生的足球競賽，雖然他康復的消息眾所皆知，但並沒有照片流出。到了二〇〇九年一月二十三日他與中國共產黨對外聯絡部的王家瑞部長會面後，才確認他完全康復的事實。

強化與中國的合作

面對金正日生病一事，中國開始思考與北韓的關係，得出的結論是，全面協助北韓有助於中國的利益。關於繼承體制，中國也表示會馬上接受並支持北韓的決定。

中國與北韓的貿易量，從二〇〇七年的十九億七千三百萬美元，一舉竄升至二〇〇八年的二十七億八千七百萬美元。中國對北韓的投資也從二〇〇三年的五件三百五十二萬美元，增加至二〇〇六年十月為止的十九件六千六百六十七萬美元。中國的投資著重在北韓的資源開發，長遠看來是有意將北韓納入中國經濟體系。

二〇〇九年雙方官員的相互訪問也相當頻繁。先是三月北韓的金英逸總理訪問中國，九月則是中國國務委員戴秉國以胡錦濤特使的身分訪問北韓，十月換總理溫家寶訪問北韓。中國雖有參加聯合國安理會的決議，但始終在最後一線庇護北韓。

發射人造衛星與憲法修正

二〇〇九年一月二十日，歐巴馬（Barak Obama）就任美國總統。新總統強調對話與協調，也表明已經做好準備與北韓的領導人會面，因此備受期待。其中最期待的人，莫過於金正日。

大病初癒的金正日計劃在最高人民會議召開的同時發射人造衛星，當然這也有意展現軍用火箭的威力。北韓認為，發射衛星是每個國家都在做的事，應該不會只禁止北韓發射。

北韓選在四月五日發射人造衛星，同時也是歐巴馬總統在布拉格針對廢除核武發表演說的日子。歐巴馬相當生氣，在演說中譴責北韓「違反規則」，並表明會「給予懲罰」。金正日則表示強烈不滿。

最高人民會議於四月九日召開。會中修改了憲法，讓先軍政治，也就是我所謂的正規軍國家有法律依據。憲法中規定，國防委員會委員長是「朝鮮民主主義人民共和國的最高領導者」，並自動兼任最高司令官。同時規定國防委員會的任務是「制訂國家重要的政策以貫徹先軍革命路線」。國防委員會委員與委員長由最高人民會議選出，任期為五年（平井久志，二〇一〇年）。

改選後的國防委員名單如下：委員長金正日，第一副委員長趙明祿，副委員長金永春、李勇武、吳克烈。委員除了原本的全秉浩、金鎰喆及白世鳳之外，還新加了張成澤（黨行政部長）、朱霜成（人民保安部長）、禹東則（國家安全保衛部副部長）、朱奎昌（黨軍需工業部第一副部長）及金正角（軍總政治局第一副局長）這五人。全員的大頭照皆公告周知。其中以脫離權力中樞很長一段時間的軍方實力派吳克烈，以及金正日的妹妹金慶喜*之夫、黨書記局的實力派人士張成澤最受矚目。

*編註：漢字另可標記為「金敬姬」。

核試爆與柯林頓訪問北韓

北韓於五月二十五日進行了挑戰性的核試爆。對此，聯合國安理會在六月十二日，決定採取第一八七四號決議，對北韓進行貨物檢查及金融制裁。北韓於六月十五日發表聲明，宣布將會進一步開發核武。日本政府於六月十六日，決定追加制裁北韓，全面禁止任何物品出口至北韓。陷入了硬碰硬的循環中。

成功化解這次危機的是美國前總統柯林頓。他為了兩位被滯留在北韓的女記者的釋放問題訪問平壤，與金正日會面。兩人在八月四日進行會談。《勞動新聞》報導，金正日在會談中展現了前所未有的笑容。金正日很期待柯林頓的訪問能夠為兩國的關係帶來實質的改善，但是歐巴馬的態度很冷淡。

金正日與柯林頓（《勞動新聞》2009年8月5日）

貨幣改革失敗與天安艦事件

二〇〇九年十一月三十日，北韓實施更換貨幣政策。新舊貨幣的兌換比率如下：現金為一百比一，存款為十比一，兌換上限超過十萬朝鮮圓的現金，則由中央銀行進行保管*。由於市場經濟的趨勢日漸增強，出現了不少有錢人，據說這項政策是為了抑制富人，但是設定兌換上限對普通市民的儲蓄來說打擊相當大，也引起了恐慌。也因為這樣，民間氣氛變得相當險惡。當局被迫緊急修改政策，並發給每位國民五百朝鮮圓的「慰問金」。詳細的情況不明，但二〇〇九年始終陪同金正日進行經濟視察的黨計劃財政部長朴南基，在二〇一〇年一月三日之後就不見蹤影。據說他的消失與這次幣制改革有關。

北韓有意以貨幣改革抑制市場經濟的擴大，強化社會主義的經濟原則，但不可能完全排除市場經濟的要素，也可看出管制經濟與市場經濟的磨合之處。

二〇一〇年三月二十六日，在西海白翎島附近進行警備活動的南韓海軍護衛艦「天安號」突然爆炸沈沒，造成四十六名船員行蹤不明，被判定應該已死亡。四月中進行船

---

* 編註：此次更換貨幣，現金部分，舊幣一百元可換新幣一元，存款則可以舊幣十元換新幣一元。每戶限定換十萬舊幣，超過的部分交予中央銀行保管，實際上就是由政府沒收。

艦的打撈作業，判定很有可能是遭受到北韓的攻擊，馬上變成一大問題。調查原因的國際聯合調查團在五月二十日公布船艦的爆炸是由於北韓的魚雷攻擊造成。這個調查中出現了各種疑問。南韓政府認為是北韓的攻擊，對北韓提出激烈抗議，但北韓政府否定與自己有關。南韓國內也出現嚴重的對立情形，南韓政府也因而無法要求北韓道歉。

第三次黨代表會議

金正日在腦中風後痊癒，重新展開視察各地的行程，在二〇〇九年一年之間進行二十五次軍隊視察及六十三次經濟視察。

到了二〇一〇年金正日仍寶刀未老，分別在五月及八月兩度訪問中國，與中國領導人進行會談。他另外進行軍事視察十一次，經濟視察也高達五十八次。

為了在父親誕辰一百年實現「開啟強盛大國的建設大門」，金正日相當努力的同時，不管是同行的幹部或是妻小們，都懇求金正日要好好休養，避免過度勞累。但金正日只想著努力工作。如果是這樣，他應該早就想到自己會突然遭到死亡的襲擊。

金正日決定召開黨代表會議，讓繼承人金正恩在此亮相。二〇一〇年九月二十八日，勞動黨代表會議時隔三十三年再度召開。在這個相當於黨代表大會的代表會議上，重新架構黨中央的機構，並決定人事分配。隨著政治局常務委員、政治局委員、候補委員及中央委員的選出，成功重建過去不存在、也沒有任何功能的黨中央指導機關的政治局。

值得注目的是，政治局常務委員除了金正日、金永南、崔永林（總理）外，總參謀長李英鎬及生病的趙明祿也以軍人的身分獲選為黨高層。李英鎬與金正日同年，是滿洲派李鳳洙的兒子。國防委員會首席副委員長金永春成為政治局委員，排在李英鎬之下。政治局委員為金永春、全秉浩、金國泰、金己男、崔泰福、楊亨燮、姜錫柱、邊英立、李勇武、朱霜成、洪石亨及金慶喜這十二人，其中九人是新任。金正日的妹妹金慶喜的獲選也受到矚目。另有十五人獲選為政治局候補委員，包括黨書記的金養健、金永日、朴道春、崔龍海、太宗秀、金平海、文景德、黨的部長朱奎昌、朴正順、國防委員會副委員長張成澤、副總理李泰男、金洛

張成澤

李英鎬

金永南

姬、國家安全保衛部第一副部長禹東則、國家安全政治部長金昌燮、軍總政治局第一副局長金正角。除了金慶喜以外，其餘的政治局員與候補委員的照片及詳細經歷皆被公開，這是前所未有的措施。張成澤的位階比妻子金慶喜低一階。但擔任國防委員會副委員長的吳克烈未被排入政治局，很明顯是有意排除他。

另一方面，黨中央軍事委員會也換了新面孔，由二十七歲的金正恩擔任副委員長。另一位副委員長是李英鎬。委員為金永春、金正角等十六人，而吳克烈仍被排除在外。與李英鎬同期升上將的軍人崔富日、鄭明道、李炳鐵，以及之前就已升上將的尹正麟、金英哲、崔相黎等人獲選。他們是李英鎬軍團、新軍部的人，與吳克烈所代表的舊軍部有所區別。

金正恩首次以黨中央軍事委員會副委員長登場，但在黨中央委員會的排序上，只被選為中央委員，並沒有加入政治局。

隨著金正恩的登場，重建黨中央、政治局一舉具有很重要的意義。金正日以國防委員會委員長身分擔任國家最高的領導者，因此繼承人一定要是國防委員會第一副委員長。金正日認為，馬上讓自己的兒子擔任國防委員會委員長，要他以絕對的最高領導者身分來領導這個國家是很困難的。也或者他覺得作為非常體制的國防委員會的政治架構，已經結束了它的任務。

金日成誕辰一百年

黨代表會議後兩個月，二〇一〇年十一月，國防委員會第一副委員長趙明祿去世，但金正日卻沒有決定繼任者，也完全沒有要讓軍人及黨的高層李英鎬加入國防委員會的跡象。

換言之，金正日認為自己死後，國防委員會委員長的位置毋需任何人來擔任。可看出金正日決定將自己死後的事情，交由重建起來的黨中央及繼承人金正恩來處理。

黨代表會議後，整個平壤沉浸在邁向二〇一二年金日成誕辰一百年，完成金正日體制的氣氛中。國外的訪客會被帶至金日成綜合大學的電子圖書館與占地一千公頃的廣大蘋果園大同江果樹園參觀。金日成綜合大學電子圖書館玄關牆上寫著金正日二〇〇九年十二月十七日講話：

> 立足本土，放眼世界。成為兼具崇高精神與豐富知識的先軍革命值得信賴的骨幹。奮發圖強，讓世界崇敬偉大的黨及金日成朝鮮。

平壤街頭則張貼很多黨相關的口號，「偉大的黨、母親黨」的口號再度出現。更出現電子看板寫著「人民生活擁有決定性的轉變！」。使用手機的人也變多了。長期處於蚊子館狀態、讓平壤氣氛變得灰暗的柳京飯店，也在埃及企業的運作下重新開工，外牆的玻璃窗近乎完工，內部的建設也同時進行，預計在二〇一二年開幕。

延坪島砲擊事件

但在二〇一一年十一月二十三日，發生了驚人事件。下午兩點三十四分，北韓軍隊對西海的延坪島發射了數十發的砲彈（南韓發表的數據是一百七十發）。在軍中工作的兩名民間人士及兩名陸戰隊員死亡，房屋設施也遭到破壞。南韓國民感受到的驚嚇與恐怖相當深刻。

北韓外交部在隔天發表聲明，提到延坪島一帶為「敏感地帶」，曾經要求南韓中止從這個島發射砲擊的計劃。北韓表示，延坪島的地理位置具有「從海上軍事界線進入我方領海」的特性，只要在此進行大砲的實彈射擊，不管朝哪個方向都會落入北韓領海。南韓自二十三日下午一點開始，在延坪島發射數十發砲彈，雖然朝向北韓的相反方向南方射擊，但砲彈全數落在北韓的領海內。若北韓沒有即刻反應，南韓就會將北韓在延坪島周圍的水域誤認為是南韓的領海，因此北韓宣稱自己砲擊陣地是「自衛措施」。雖然理論上是如此，但政治上是無法容忍的。

南韓政府發表強硬的抗議聲明，美國第七艦隊的航空母艦也進入黃海施壓。但北韓沒有任何反省的表示，不管何種方法皆無法改善南北關係。北韓行動的前提是，即使南北韓維持十年的和諧關係，與美日的關係若仍呈現停滯狀態，南北關係只會變得不利而已。北韓認為，只要與美日關係正常化，南北關係就能夠再行調整。

強人領袖之死

二〇一一年金正日仍持續工作。他於五月訪問中國一星期，八月訪問西伯利亞，並與俄國總統梅德韋傑夫（Dmitry Medvedev）進行會談。歸途訪問蒙古，經由中國東北返國。十到十二月間視察軍隊十二次，經濟視察二十次。

二〇一一年十二月十七日，金正日因心肌梗塞突然去世。享年六十九歲。兩天後，十二月十九日上午十點，北韓政府宣布金正日是在前往現地指導的列車上死亡。這對金正日來說，是戰鬥中的死亡。

結果金正日自己所擁有的四個頭銜：國防委員會委員長、黨總書記、黨中央軍事委員會委員長、人民軍最高司令官，都還沒有讓給金正恩就走了。這很明顯是金正日認為不應該這麼做。

二〇一一年十二月二十八日是金正日國葬之日。前車放有金正日笑容滿面的巨大遺照，後面則跟著載運棺木的黑色轎車。陪在兩旁的是金正恩、李英鎬、張成澤、金永春、金己男、金正角、崔泰福跟禹東則。八人之中有七人是黨政治局的成員，四人是國防委員會的成員。飄著小雪的平壤大道上聚集了大批群眾，人們淚流滿面，也有不少人凝視前方。

隔天的追悼大會上，由黨常務委員、最高人民會議常任委員會委員長金永南獻上追悼之詞。接著是代表黨的黨政治局委員金己男，代表軍隊的黨政治局候補委員兼軍總政治局第一代理局長金正角，以及代表青年的青年同盟第一書記李容哲發表演說。值得矚目的是，金永南在追悼詞中提到「先軍革命」，但未提到金正日身為國防委員會委員長的任何功績。金正角雖然是國防委員會委員，但是他的這個頭銜完全沒被報出來。

隔天的十二月三十日，勞動黨中央委員會政治局召開會議，擁戴金正恩為人民軍最高司令官。國防委員會與黨中央軍事委員會無關，只有黨常務委員、黨政治局委員與政治局候補委員聚集，一同決定由國防委員會委員長兼任最高司令官的人事案，這象徵著黨的國家支配、黨政治局的指導，以及黨的集體領導的開始。即使正規軍國家的體制是由身為最高司令官的繼承者來領導，仍會轉換為黨國家的體制。從正規軍國家轉成黨國家體制，這是朝著一般國家的方向前進。政治局的政治型態是協議政治，由專門的人分擔責任的政治體制。

不管如何，繼金日成的時代，金正日的時代也畫下了句點。北韓現代史又開啟了另一個新頁。

補章

進入金正恩時代

在金日成與金正日的銅像揭幕式中，全權掌握黨、政、軍的黨第一書記金正恩笑著指向剛放過煙火的天空(2012年4月13日)

完成權力繼承

金正日死後四個月內，採取了以最高司令官金正恩為中心的全黨集團體制。接連幾天，《勞動新聞》標題右側都刊登了「全黨、全軍、全民團結一心，貫徹社會主義的豐功偉業」的標語。

二〇一二年四月十一日召開朝鮮勞動黨第四次代表會議，金正日被推舉為「永遠的總書記」，金正恩為黨第一書記、政治局常務委員及黨中央軍事委員會委員長。兩天後召開的最高人民會議上，金正日被奉為「永遠的國防委員長」，金正恩則被推舉為國防委員會第一委員長。至此，金正恩已得到作為北韓最高領導人所需的所有頭銜。

值得注意的是，黨書記及國防委員會委員長的頭銜都加註「第一」二字，理論上是為了與榮譽領導人金正日做區隔，但有「第一」就有可能會有「第二」，代表是具有相同地位者當中的第一人。金正恩繼承了其父親最高領導人的位置，進入黨政治局的領導體制，並獲得支持。第四次黨代表會議上的人事異動，包括軍總政治局長崔龍海（一九五〇年生，滿洲派的崔賢之子）升任黨政治局常務委員，人民武力部長金正角（一九四一年生）升為黨政治局委員，但軍總政治局委員的李英鎬（一九四二年生），與身為黨及政府政治局委員的張成澤（一九四六年生）的第二人位階則沒有任何變化。

到了五月四日，《勞動新聞》右側的標語則變成「追隨偉大的金正恩同志，朝向最後的勝利邁進吧」，一開始是每兩天出現一次，但到了六月則是每天出現。先前的「全黨、全軍、全民團結一心」的標語幾乎消失無蹤。

遺訓統治與領導人的新風格

在政策上只能繼承金正日的方式，但年輕領導人的個性也開始在其政治風格上展現。

二〇一二年二月二十九日與美國達成協議同意暫停核子試爆，停止發射長程飛彈，停止運作寧邊的濃縮鈾設備，接受IAEA的監督，並同意遵守停戰協定。美國也不再將北韓視為敵對國，為改善兩國關係做準備，同時援助二十四萬噸營養品。這不僅是兩國睽違多年的協議，更是北韓與歐巴馬政府的首次協議。

另一方面，北韓認為南韓褻瀆其偉大的領袖，三月二日人民軍最高司令部發言人表示，「為了讓逆賊從這個世界上消失，將隨時採取朝鮮式的聖戰」。三月四日在平壤召開軍民大會，目的是為了與「褻瀆我國最高尊嚴的叛逆之徒」戰鬥，同時也為了強烈抗議當月開始的美韓聯合軍事演習「關鍵決斷」（Key Resolve）。加上三月十六日北韓公布發射人造衛星的計劃，南韓總統李明博於十九日公開批判這是嚴重的挑釁行為。美國也展現了牽制的態度。

北韓於四月十三日發射人造衛星，因人造衛星並非飛彈，並未違反與美國的協議，但發射失敗。美國隨即表示北韓發射的為長程飛彈，違反兩國二月二十九日的協議，同時停止營養品的援助。聯合國安理會也發表主席聲明，譴責北韓發射的舉動，並決定擴大制裁。北韓則反彈表示，發射衛星是民族的權利，宣布不再遵守二月二十九日的協議。

金正日時代北韓對外關係的傳統態度，是採取不斷升高對外威脅的表現，若是受到制裁，則採取更強硬的方式對抗，但金正恩則採取了異於以往的新風格。他將發射衛星的畫面公開於世界各國的記者面前，並隨即宣布發射失敗一事。四月十三日，金正恩在金日成誕辰一百年的閱兵典禮上，以真實的聲音發表演講。他首次的演講，發表了要以「新世紀產業革命」為目標，令人耳目一新。而金正恩授意組成的牡丹峰樂團，穿著迷你裙的女歌手與迪士尼的玩偶一同登場，也成為話題。這年夏天的公演，金正恩也帶著妻子李雪主一同前往觀賞。

整肅李英鎬

至此政權給人安定的印象，但到了七月十五日，在政治局會議上卻迫使軍方首腦，同時為黨政治局常務委員的李英鎬總參謀長退位，剝奪他所有的黨與軍的職務。繼任者為沒沒無聞的軍團長玄永哲。金正恩被推舉為繼任者時，金正日將李英鎬視為輔佐的角色，任命他為軍隊領導，黨的第二號人物。與金正日同年的李英鎬退位的理由是「生病」，雖然他仍被稱為「同志」，但毫無疑問是遭到整肅。另一方面，玄永哲是未曾擔任過中央軍事委員會成員的大將，但幾天後即被任命為次帥。整肅李英鎬主要是由金正恩主導，毫無疑問地展現金正恩領導權威的強化。

在這個變化之前，「全黨、全軍、全民團結一心」的標語連續於六月二十九日、三十日兩天，及七月十二日刊登出來，令人感到相當不可思議，但這與李英鎬垮台是否有關，則不得而知。相同的標語也在九月十二、十四、十五、二十一、二十四、二十七、三十日，以及十月二日、三日、六日出現。黨內瀰漫著一股詭譎的氣氛。

發射人造衛星與第三次核試爆

二〇一二年十二月十二日，繼年初失敗後北韓再度發射人造衛星，這次成功地將衛星發射到軌道上。為此，聯合國安理會於隔年的一月二十二日，全體一致通過加重制裁的決議。北韓認為聯合國無視朝鮮民族的權利，因而於二月十二日採取了第三次核子試爆。此舉似乎重演了二〇〇九年五月的緊張情況，而且還意外地造成與中國關係的緊張。三月七日聯合國安理會上，包含中俄在內，一致通過制裁北韓的決議。

北韓進而採取強硬措施。美國宣布B-52轟炸機將加入同年三月一日開始的美韓聯合軍事演習「雛鷹」（Foal Eagle）及三月十一日開始的「關鍵決斷」。三月五日偵察總局長金英哲發表了朝鮮人民軍最高司令部發言人的聲明，宣布從三月十一日起廢除韓戰停戰協定。三月七日《勞動新聞》的社論提到，只要最高司令官下令，「我們將採取精密的核武攻擊，必將華盛頓及首爾敵人的堡壘變成他們葬身的墓地」。八日，祖國和平統一委員會宣布南北互不侵犯協議無效。九日，北韓外交部發言人完全拒絕安理會的決議，宣布將永遠維持其「核武保有國的地位」。美國於三月二十八日，讓兩架可裝載核子武器的隱形轟炸機B2-A參與了「雛鷹」演習，而最高司令官金正恩為了抗衡，緊急召開人民軍戰略火箭部隊的作戰會議。

三月三十一日召開黨中央委員會大會，決定採取經濟建設與核武建設並進的路線。新聞稿中提到，「新的並進路線，真正的優勢在於不需增加國防預算，就能發揮遏止戰爭及防衛的效果，並能將重點放在經濟建設及提升人民的生活」。另外，新總理朴奉珠進入政治局，總參謀長玄永哲、金格植及崔富一都被提拔為政治局候補委員。金格植雖為李英鎬之前的總參謀長，但此時也代替金正角，被任命為人民武力部長。

即使北韓發表了以經濟建設為重點的方針，但四月仍關閉開城工業區，造成兩韓之間的緊張關係。

軍方人事的世代交替

不久後，軍方展開了第二波人事異動。到了五月，金格植從人民武力部長轉任軍總參謀長。張正男被任命為人民武力部長，但他是個沒沒無聞的新人。最後金格植也失勢了。八月則換李永吉出任總參謀長，他也是沒沒無聞的新人。張正男、李永吉跟一九三六年生的金永春、一九四〇年生的金格植、一九四一生的金正角、一九四二年生的李英鎬這些七十多歲的元老相比，不僅年紀輕，階級也僅為上將。兩人於八月二十五日的黨中央軍事委員會擴大會議上被升為大將。而後這個組合使不動如山。

軍方首領之所以會有如此變化的背景，可視為是軍方領導階層的世代交替以及大幅度地降低年齡，使軍隊年輕化。根據消息人士指出，從二〇一三年開始，前線部隊的軍團長全數更迭，相當多數第一線的軍團長也換成四十至六十歲的中將及上將。軍方的核心人物則多變為五十歲（鄭昌鉉連載《閱讀金正恩時代》十八）。這正是二十多歲的領袖金正恩獲得六十歲崔龍海的支持而推行的政策。

金正恩在黨內也推行了相同的政策。到了二〇一三年，與他一同前往現場指導的幹部們，面孔皆煥然一新。崔龍海寸步不離，但除此之外，黨組織指導部副部長黃炳瑞、朴泰成、馬園春也同行，三位皆為新任的副部長。由此可知，中央黨書記局及地方黨幹部都有相當程度的世代交替。領導人推行幹部的世代交替，為的是鞏固自身的權力基礎，因為這很有可能產生衝突。

正常化與中國的協議

外交方面，與中國的關係日趨嚴重。從經濟層面來看，與中國的貿易及中國的投資，是北韓的經濟命脈。針對發射衛星及核子試爆，中國站在聯合國安理會，給北韓施加壓力。同年五月二十二日，崔龍海及繼任的總參謀長李永吉，代表金正恩訪問中國，與習近平進行會談。崔龍海表示將積極參與六方會談，明確地傳達了北韓修復對外關係的意思。

二〇一三年七月二十三日為韓戰停戰六十週年紀念日。中國派國家副主席、同為黨政治局委員的李源朝，參加了位於平壤的紀念儀式。李源朝名字的發音與「援朝」相同，李源朝出生於一九五〇年十一月，正好是中國發表抗美援朝，派遣人民志願軍至朝鮮的那年。對中國來說，是對北韓這個血盟派了一位與它淵源深厚，並展現援助性格的人前往。七月二十六日在金正日廣場舉行的戰爭勝利六十週年慶祝大會期間，李源朝寸步不離金正恩。他抵達北韓後隨即前往距平壤八十公里遠，位於平安南道檜倉的中國人民志願軍司令部遺址及中國人民志願軍烈士陵。北韓承認一九五八年之前，中朝聯合司令部存在於人民志願軍司令部之內。金正恩與黨國幹部一同於七月二十九日長途跋涉，前往司令部遺址及烈士陵參拜。至此確認了兩國的深厚情誼。金正恩改善了與中國的關係，同時也保證不會違背中國的意思，不再對美國及南韓進行威嚇的行為。

馬息嶺滑雪場開幕及新年文告

金正恩繼承權力之後，主導了平壤市內綾羅人民遊樂園（二〇一二年七月開園）及綾羅海豚館的建設。同時也設立了平壤產院乳腺腫瘤研究所（二〇一二年十一月落成）及平壤國際足球學校（二〇一三年五月招生）等醫院與學校。這些都是與人民生活直接相關的休閒、醫療及運動提振事業。金正恩直接參與這些建設，也提高了人民對領袖的支持。二〇一三年九月我到訪平壤時，遊樂園及海豚館處處可見市民的影子，每個人都樂在其中。而紋繡水上樂園、美林馬術俱樂部、玉流兒童醫院、口腔醫院等設施，也預計於同年秋天完成。

金正恩在首都的建設成功後，接著計劃推行大規模的公共事業。他計劃在距江原道元山二十公里處的馬息嶺，建設世界級的大型滑雪場，並靠人民軍的力量，於短期間內建設完畢。這是在瑞士念高中的金正恩的企劃。

工程從二〇一二年秋天動工。金正恩於二〇一三年五月二十六日正式到訪當地，視察工程進度。他提到「將馬息嶺滑雪場建設為世界級的滑雪場，是黨的決心」。回到平壤的金正恩，在六月四日公開強調，「創造『馬息嶺速度』，開拓社會主義建設另一個新的全盛時期」，要求於同年內完工，並給予全國性的支援，使其能如期開幕。他發表的全文刊登在《勞動新聞》的第一版全版。

隔天隨即在工地現場召開了軍人奮起大會，而相關報導則以「遵從偉大領袖的旨意，將以二十一世紀嶄新的以一當百的超速度來建設馬息嶺滑雪場」為標題，刊登在

《勞動新聞》六日的第二版。崔龍海與張正男皆參加了此次集會。《勞動新聞》更於六月十日報導了最高人民會議常任委員會委員長金永南實地訪查的消息。

馬息嶺滑雪場建設的目的，雖說是為了讓北韓人民享受滑雪的樂趣，但建造一個世界級的滑雪場，理當要吸引海外的滑雪遊客，並以取得外匯為目標。為此，包含元山的開發案在內，必須要有龐大的投資。

這個計劃也可能與五月二十九日最高人民會議上制定的經濟開發區法有關。經濟開發區法允許在全國各地設立經濟開發區，並吸引外資投資。經濟開發區可以是工業、農業、觀光、尖端技術開發區及加工出口區。

關於馬息嶺滑雪場計劃的優先順序，不難想像在黨及政府內部經過一番討論。但這個計劃已成為國家第一優先計劃，以「馬息嶺速度」進行，目標是在二〇一三年底前完工。

金正恩於八月十七日實地訪查馬息嶺。此次由崔龍海、朴泰成、黃炳瑞及馬園春等人隨行。金正恩更於十一月二日再與崔龍海一同實地視察。

整肅張成澤

金正恩的地位日漸鞏固。當初新體制登場時，金正恩擔任領袖的地位，同時以黨國體制及政治局集體領導的合議體制作為支援。但金正恩由名義上的領袖地位日漸掌握實權，迅速地變成以「偉大的金正恩同志」為唯一領導體制，使得政權內部出現緊張。金正恩與在黨及政府內都擁有實力的張成澤之間的關係也就成為一大問題。

張成澤是金正日妹妹，黨政治局員金慶喜的先生，也是金正恩的姑丈。他同時也是黨政治局委員、黨行政部長、國防委員會副委員長、國家體育指導委員會委員長，在中朝關係上也是不可或缺的人物。他到二〇一三年五月為止，皆陪同金正恩前往平壤市內做實地視察，但五月中旬之後即不再同行，只有六月陪同前往視察國際足球學校一次。他完全沒到訪過馬息嶺滑雪場。十一月六日，日本國會議員（前日本職業摔角選手）安東尼奧．豬木訪問北韓，與張成澤進行會談。這是他最後一次出現在公開場合的報導。

十一月三十日金正恩與國家安全保衛部長金元弘、政治局候補委員金養健、親信黃炳瑞、朴泰成及馬園春等人一同前往白頭山麓的三池淵戰爭遺址視察。此時金正恩下了最後決定，要整肅張成澤。十二月三日，南韓的國家情報院向國會報告，張成澤的親信，黨行政部第一副部長李龍河及副部長張秀吉遭到處刑，張成澤失勢的可能性極大，這讓世人驚訝不已。我也相當驚訝，令人難以置信。但這個情報是正確的。十二月八日北韓召開黨政治局擴大會議，張成澤在會場遭到逮捕，被解除所有黨政職務，並被開除黨籍。十二月十二日，北韓舉行國家安全保衛部特別軍事審判，判處張成澤死刑，並發布即刻執刑的公告。

張成澤的罪狀，在黨政治局擴大會議的決定要點，以及特別軍事裁判判決主文裡都有說明。最大的罪狀是「阻礙黨建立金正恩唯一領導體系的反黨、反革命的分派行為」，「表面上順從黨及首領」，即順從金正恩，「但私底下卻反目敵對，陽奉陰違，經常暗地進行分裂行為」。在這裡指的並非反對既定政策，而是其私下批評、質疑、不支持等行動受到懷疑。判決文內引用張成澤的說法，「僅管現在軍隊與人民正面臨國家的經濟狀況與人民的生活崩解的悲慘局面，現今的政權卻束手無策，我對此感到不滿」。若是情況更危急，張成澤認為自己有可能成為總理。

而他經濟層面的罪狀，則是反對內閣中心制及內閣責任制，並被指責透過黨行政部預謀掌握經濟運作權，並長期廉價賤賣資源及土地給外國及中國。最後則是提到他違反道德行為，像是女性關係、酗酒、使用毒品等等。

此次政變的目的，被認為是為了剷除阻礙北韓確立唯一領袖的統治體制，以及任何有可能與領袖政策唱反調的有心人士，甚至是第二號人物。金正恩先是剷除李英鎬，接著是張成澤，好讓自己的地位完全名副其實，確立他是唯一的領導體制，成為實際掌握北韓的人。他一向對外強調會遵照先前的政策，但若是如此，為何判斷採取立即判決、公開處決的處分是恰當的，則是個問題。

馬息嶺滑雪場於二〇一二年十二月三十一日完工。金正恩與軍幹部崔龍海、李永吉、張正男，政治局幹部姜錫柱、金養健，以及親信黃炳瑞、朴泰成、馬園春等人一同搭承升降機登上山頂，提到「今年的建設達到最高峰，對我國意義深遠」。

這位年輕的領導者，不論能力、經驗及判斷力都還是未知數，身為擁有絕對權力的唯一領袖，將如何帶領這個困難重重的國家，對金正恩來說，將會是個考驗。

參考文獻

序章

Cumings, Bruce. "Corporatism in North Korea." *The Journal of Korean Studies*. Vol.4, 1982-1983.

Bajanova, Natal'ia.《朝鮮民主主義人民共和國的對外經濟關係——從死路中尋找出口》（俄文），莫斯科，一九九三年。

小此木政夫編著。《北朝鮮ハンドブック》。東京：講談社，一九九七年。

朴大鎬。《朝鮮民主主義人民共和國關係史》（韓文）第一卷。平壤：社會科學出版社，一九八五年。

和田春樹。《北朝鮮——遊擊隊国家の現在》。東京：岩波書店，一九九八年。

——徐東晚、南基正譯。《北鮮——從游擊隊國家到正規軍國家》（韓文）。돌베개，二〇〇二年。

金聖甫、奇光舒、李信澈著，韓興鐵譯。《写真と絵で見る北朝鮮現代史》。コモンズ，二〇一〇年（原著：韓國歷史研究所，二〇〇四年）。

金學俊著，李英譯。《北朝鮮五十年史—「金日成王朝」の夢と現実》。東京：朝日新聞社，一九九七年（原著：東亞出版社，一九九五年）。

徐東晚。《北朝鮮社會主義體制成立史》（韓文）。송인，二〇〇五年。

鐸木昌之。《北朝鮮——社會主義與傳統的共鳴》（東亞的國家與社會III）。東京：東京大學出版會，一九九二年。

第一章

Pai Minsoo. *Who Shall Enter the Kingdom of Heaven?* 大韓耶穌教長老教會總會農漁村部，一九九三年。

《東北地區革命歷史文件匯集》（內部發行），甲二一、三〇、六一、乙一。中央・遼寧省・吉林省・黑龍江省檔案館，一九八八、一九八九、一九九〇、一九九一年。

《東北地區朝鮮人革命鬥爭資料匯編》。遼寧：遼寧民族出版社，一九九二年。

《東北抗日聯軍史料》上下。北京：中共黨史資料出版社，一九八七年。

《金日成回顧録　世紀とともに》一—八。東京：雄山閣，一九九二—一九九八年。

《現代史資料》三〇。東京：みすず書房，一九七六年

水野直樹。〈満洲抗日闘争の転換と金日成〉。《思想》，二〇〇六年六月號。

辛珠柏。〈青年金日成の行動と世界観の変化——一九二〇年代の後半から三一年まで——〉。《思想》。二〇〇六年六月號。

和田春樹。《金日成と満洲抗日戦争》，東京：平凡社，一九九二年。

和田春樹、劉孝鐘、水野直樹。〈コミンテルンと朝鮮：コミンテルン文書資料に基づく若干の考察〉。《青丘學術論集》第十八集。二〇〇一年。

第二章

Armstrong, Charles K. *The North Korean Revolution 1945-1950*. Ithaca: Cornell University Press, 2003.

Lankov, Andrei. *From Stalin to Kim Il Sung: The Formation of North Korea 1945-1960*. New Brunswick, N.J.: Rutgers University Press, 2002. 下斗米伸夫著，石井知章譯。《スターリンから金日成へ——北朝鮮国家の形成 一九四五—一九六〇年》。東京：法政大學出版局，二〇一一年。

Shabshina, Fania Isaakovna.《朝鮮共產主義運動史（一九一八年—一九四五年）》（俄文，業務用）。莫斯科，一九八八年。

《正路》朝鮮共產黨北部朝鮮分局官方報（韓文）。一九四五年十月—一九四六年三月。

《黨的政治路線及黨事業總體與決策》（韓文）。平壤：正路出版社，一九四六年。

田鉉秀。《解放後數年之間的北朝鮮社會經濟改造，一九四五—一九四八年）》（俄文）。莫斯科大學學位論文，一九九七年。

金聖甫。《南北韓經濟構造的起源與展開—以北朝鮮農業體制的形成為中心》（韓文）。首爾：歷史批評社，二〇〇〇年。

和田春樹。〈ソ連の朝鮮政策、一九四五年八—十一月〉。《社会科学研究》第三三卷第四六號。一九八二年。

———。〈ソ連の朝鮮政策、一九四五年十一月—一九四六年三月〉。《社会科学研究》第三三卷第六號。一九八二年。

———。「北朝鮮的蘇聯軍政與國家形成」。韓國政治外交史學會《政府樹立五十年的韓國座標與未來展望》I。一九九八年八月十日—十一日。

第三章

Foreign Relations of the United States, 1950, Vol. VII (1951), Vol. VII (1952-54), Vol. XV, Washington (1976, 1983, 1984).

"Russian Documents on the Korean War: 1950-53." Introduction by James G. Hershberg. *CWIHP Bulletin*, Issue 14/15, Winter 2003-Spring 2004.

和田春樹。《朝鮮戦争全史》。東京：岩波書店，二〇〇二年。

———。《朝鮮戦争》。東京：岩波書店，一九九五年。

俄國總統文書館韓戰相關資料

第四章

Lankov, Andrei. *Август, 1956 год. Кризис в Северной Корее* [August 1956, A Crisis in North Korea]. Moscow: Rosspen, 2009.

Frank, Rüdiger. *Die DDR und Nordkorea: Der Wiederaufbau der Stadt Hamhung von 1954-1962*. Aachen:

Shaker, 1996.
《金日成選集》第四卷（韓文）。平壤：朝鮮勞動黨出版社，一九六〇年。
《朝鮮勞動黨第四次大會討論集》（韓文）。平壤：朝鮮勞動黨出版社，一九六二年。
下斗米伸夫。《モスクワと金日成——冷戦の中の北朝鮮 一九四五—一九六一年》。東京：岩波書店，二〇〇六年。
朝鮮勞動黨中央委員會、常務委員會、政治委員會。《決定集》（韓文）。一九五三年版、一九五四年版、一九五五年版、一九五六年版。
蘇聯外交部北韓相關資料。一九五七—一九六〇年（韓國現代史資料庫）。
蘇聯共產黨中央委員會外國共產黨聯絡部資料。一九五三—一九五七年（微縮檔）。

第五章

Lerner, Mitchell. "Mostly Propaganda in Nature:" Kim Il Sung, the Juche Ideology, and the Second Korean War." *North Korean International Documentation Project* Working Paper #3, December 2010.
Radchenko, Sergei. "The Soviet Union and the North Korean Seizure of Pueblo: Evidence from Russian Archives." *CWIHP* Working Paper #47, 2004.
Schaefer, Bernd. "North Korean 'Adventurism' and China's Long Shadow, 1966-1972." *CWIHP* Working Paper #44, October 2004.
————. "Weathering the Sino-Soviet Conflicts: The GDR and North Korea, 1949-1989." *CWIHP*

Bulletin, Issue 14/15, Winter 2003-Spring 2004.

Tkachenko, Vadim P. *Korejskij poluostrov i interesy Rossii* [The Korean Peninsula and Russia's Interests]. Moscow. Vostochnaja literatura Publ., 2000.

《勤勞者》（韓文）。一九六五、一九六七年。

東德外交部北韓相關資料。一九六五—一九七〇年。

宮本悟。〈朝鮮民主主義人民共和国のベトナム派兵〉。《現代韓国朝鮮研究》第三號。二〇〇三年。

黃長燁。《我看見歷史的真相》（韓文）。平壤：中央日報社，一九九九年。荻原遼譯。《金正日への宣戰布告——黃長燁回顧錄》。東京：文藝春秋，一九九九年。

第十八章

Geertz, Clifford. *Negara: The Theatre State in Nineteenth Century Bali*. Princeton, NJ: Princeton University Press, 1980. 小泉潤二譯。《ヌガラ—19世紀バリの劇場国家》。東京：美鈴書房，一九九〇年。

李鍾奭。《朝鮮勞動黨研究——以指導思想及構造變化為中心》（韓文）。首爾：歷史批評社，一九九五年。

崔銀姬、申相玉屬，池田菊敏譯。《闇からの谺——北朝鮮の内幕》上下。東京：池田書店，一九八八年。

鄭昌鉉著，佐藤久譯。《真実の金正日～元側近が証言する》。東京：青燈社，二〇一一年（原著：中央書籍，二〇〇七年）。

第七章

Hwang, Eui-Gak（黃義郭）. *The Korean Economics: A Comparison of North and South*. Oxford: Clarendon Press, 1993.

Oberdorfer, Don. *The Two Koreas: A Contemporary History*. Boston: Addison Wesley, 1997. 菱木一美譯。《二つのコリア—国際政治の中の朝鮮半島》。東京：共同通信社，二〇〇二年。

中川雅彥。《朝鮮社会主義経済の理想と現実—朝鮮民主主義人民共和国における産業構造と経済管理朝鮮社會主義經濟的理想與現實》。千葉市：ジェトロ・アジア経済研究所，二〇一一年。

甚野尚志。《隠喩のなかの中世—西洋中世における政治表徴の研究》。東京：弘文堂，一九九二年。

高崎宗司。《検証 日韓会談》。東京：平凡社新書，二〇〇四年。

舊德國社會主義統一黨國際局資料。一九八四年。

第八章

《本黨的先軍政治》（韓文）。平壤：朝鮮勞動黨出版社，二〇〇六年。

Haggard, Stephan and Marcus Norland. *Famine in North Korea: Markets, Aid, and Reform*. New York: Columbia University Press, 2007.

第九章

Albright, Madeleine. *Madam Secretary: A Memoir*. New York: Miramax Books, 2003.

NHK Special。《秘錄日朝交涉─核子攻防戰》。二〇〇九年十一月八日播出。

小牧輝夫、環日本海經濟研究所。《経済から見た北朝鮮─北東アジア経済協力の視点から─》。東京：明石書店，二〇一〇年。

平井久志。《北朝鮮の指導体制と後継──金正日から金正恩へ》。東京：岩波現代文庫，二〇一一年。

───。《なぜ北朝鮮は孤立するのか─金正日破局へ向かう「先軍体制」》。東京：新潮社，二〇一〇年。

補章

鄭昌鉉。〈知識経済時代を迎える3～4世代幹部へ世代交代〉（鄭昌鉉「金正恩時代北韓を読む」18）。《統一ニュース》。二〇一三年九月二日。http://www.tongilnews.com/News/articleView.html?idxno=103963

圖片來源

頁一九　第八十八特別旅幹部——《黑龍江黨史資料》第十輯，一九八七年
頁二八　普天堡攻擊報導——《東亞日報》一九三七年六月六日
頁四一　回到祖國的金日成與金正日——メクレル提供
頁四七　朝鮮共產黨北部朝鮮分局官方報《正路》創刊號——《正路》一九四五年十一月一日頭版
頁四八　慶賀解放平壤市民大會的講台——メクレル提供
頁六九　中國人民志願軍進入平壤——抗美援朝卷編輯部編，《抗美援朝戰爭》，中國社會科學出版社，一九九〇年
頁八三　彭德懷與金日成——抗美援朝卷編輯部編，《抗美援朝戰爭》，中國社會科學出版社，一九九〇年
頁九五　復興中的平壤——K. Nepomniashchii, *Puteyye ocheki i reportazh*, Moscow, 1995
頁一〇一　南日之墓　平壤的愛國烈士陵

頁一〇三　朴憲永——林京錫，《而丁　朴憲永一代記》，歷史批評社，二〇〇四年
頁一〇五　許嘉誼——林隱，《北韓王朝成立祕史》，自由社，一九八二年
頁一二一　千里馬像——《榮光的五十年》，外國文總合出版社．朝鮮畫報社，一九九五年
頁一三一　普天堡戰鬥勝利紀念塔——《勞動新聞》二〇一〇年五月十九日
頁一四八　《勞動新聞》一九六八年一月二十四日頭版
頁一五七　主體思想塔
頁一六〇　金日成銅像及朝鮮革命博物館
頁一七七　金日成送詩祝金正日五十歲生日——《勞動新聞》一九九二年四月二十七日
頁一九三　發表三黨共同聲明的金日成、金丸信及田邊誠——每日新聞社／Aflo 提供
頁二一三　一九九五年元旦，金正日開始視察軍部隊——《勞動新聞》一九九五年一月二日頭版
頁二二三　北韓的孩子們——Hazel Smith, *Five-year Review of the Caritas Programme in the Democratic People's Republic of Korea (DPRK)*, Caritas-Hong King, 2001
頁二三五　金大中與金正日——共同通信社提供
頁二六〇　金正日與柯林頓——《勞動新聞》二〇〇九年八月五日
頁二六三　金永南、李英鎬、張成澤——《勞動新聞》二〇一〇年九月二十九日
頁二七一　金正恩——共同通信社提供

大事年表

一九三一	九・一八	滿洲事變爆發
一九三二	春	金日成（一九一二年出生），於安圖組織朝鮮人武裝部隊
一九三七	六・四	金日成部隊攻擊普天堡。『東亞日報』報導
一九四〇	十月	金日成部隊分成小隊跨越邊境進入蘇聯
一九四二	二月	金正日誕生
	八月	東北抗日聯軍，共軍組成第八十八特別狙擊旅
一九四五	八・九	蘇聯對日宣戰
	八・一五	日本天皇宣布戰敗投降，朝鮮半島從日本殖民獲得解放
	九・一九	金日成等人回到元山
	一〇・一三	朝鮮共產黨北韓分局設立
	一〇・一四	於平壤召開市民大會，金日成發表演說
	一二・一七	北分局召開第三次擴大執委會，金日成任「責任書記」
	一二・二三～二七	於莫斯科召開三國（美英蘇）外交部長會議

一九四六	二・八	北韓臨時人民委員會成立，金日成任委員長
	三・五	公布土地改革令
	七・八	金日成綜合大學落成
	七・三〇	公布男女平權法
	八・二八～三〇	北韓勞動黨成立，在平壤召開第一次代表大會
	一一・三	道、市、郡人民委員會選舉
	一一・二三～二四	南韓勞動黨成立
一九四七	二・一七	北韓人民委員會成立
	一〇月	美蘇共同委員會中止
	一一・一四	聯合國大會，通過朝鮮問題決議
一九四八	二・八	創立朝鮮人民軍
	二・一〇	發表朝鮮民主主義人民共和國憲法案
	三・二七	北韓勞動黨第二次代表大會
	四・一九	於平壤召開南北會談
	五・一〇	南韓實施單獨選舉
	八・一五	大韓民國成立
	九・九	朝鮮民主主義人民共和國成立
	一〇—一二月	蘇聯撤軍
一九四九	六・三〇～七・一	南北勞動黨合併，成立朝鮮勞動黨

一九五〇	一〇・一	中華人民共和國成立
	六・二五	韓戰爆發
	六・二八	首爾被攻陷
	九・一五	聯軍登陸仁川
	一〇・二〇	平壤被攻陷
	一〇・二五	中國人民志願軍參戰
一九五一	七・一〇	於開城召開停戰會談
一九五三	七・二七	簽署停戰協定
一九五五	一二・一五	朴憲永被判死刑
	一二・二七～二八	中央委擴大常務委員會上批判蘇聯派
一九五六	二・二五	蘇聯共產黨第二十次大會上批判史達林的個人崇拜
	四・二三	朝鮮勞動黨第三次代表大會
	八・三〇～三一	於中央委員會全體會議將反對派除名
一九五七		第二次五年計劃開始
一九五八	二・一九	中朝共同聲明（中國人民志願軍全面撤退）
	三月	朝鮮勞動黨第一次代表會議
一九五九		「千里馬」運動開始
	一二・一六	在日朝鮮人第一次歸國船隻入清津港
一九六〇	四・一九	南韓學生革命

	五	金日成發表「主體演說」
一九六一	五・一六	南韓爆發軍事政變
	七・六	簽署《朝蘇友好合作相互援助條約》
	七・一一	簽署《朝中友好合作相互援助條約》
	九・一一～一八	朝鮮勞動黨第四次代表大會
一九六四	八・二	北越東京灣事件
一九六五	四・一〇～二一	金日成訪問印尼
	六・二二	簽署《日韓基本條約》
一九六六	一〇・五～一二	朝鮮勞動黨第二次代表會議
一九六七	一・一	『勞動新聞』社論，呼籲發動「南韓革命」
	五・四～八	黨中央委第十五次全體會議
	六・二八	黨中央委第十六次全體會議，確立唯一思想體系
	一二・一六	最高人民會議第一次會議，發表十大政綱
一九六八	一・二一	青瓦台襲擊事件
	一・二三	普布魯號危機
一九六九	一	統一革命黨幹部被判死刑
		民族保衛部長金昌奉被解任除名
		金正日出任黨宣傳煽動部副部長
一九七〇	一一・二～一三	朝鮮勞動黨第五次代表大會

一九七二	二・二一～二八	尼克森訪中，發表美中共同聲明
	七・四	發表南北共同聲明
	一二・二五	最高人民會議，通過憲法修正案
一九七三	春	派三大革命小組至工廠、礦山及農場
	八・八	金大中綁架事件
一九七四	二・一一	黨中央委員會全體會議上選金正日為中央委政治委員
	四・一四	金正日提出唯一思想的十大原則
一九七六	八・一八	板門店斧頭事件
一九七九	一〇・二六	南韓朴正熙總統遭中央情報部長暗殺身亡
一九八〇	五・一七	南韓發生政變，金大中遭逮捕
	五・一八～二七	光州事件爆發
	一〇・一四	朝鮮勞動黨第六次代表大會
一九八二	四	人民大學習堂、凱旋門、主體思想塔相繼完工
一九八三	一〇・九	緬甸仰光爆炸事件
一九八四	九・二九	從板門店轉交南韓水災救援物資
一九八五	九・二〇	實現南北離散家族首次相互訪問
	一二	北韓加入《不擴散核武器條約》（NPT）
一九八六		金日成邀請在日企業家參與促進事業合併（二月二十八日指導）
		金正日提出「社會政治生命體」論

一九八七	六・二九	南韓民主革命勝利
	一一・二九	大韓航空班機爆炸事件
一九八八	九・一七～一〇・二	首爾奧運
一九八九	一・二三	現代集團（鄭周永會長）協商金剛山開發
	七・一	平壤舉行世界青年學生慶典
一九九〇	九・二四	金丸信、田邊誠等人訪朝，與朝鮮勞動黨發表共同聲明
	九・三〇	蘇聯與南韓建交
一九九一	九・一七	南北韓正式加入聯合國
	一二・二四	金正日被推舉為朝鮮人民軍最高司令官
	一二・二五	蘇聯解體
	一二・二八	設立羅津、先鋒自由經濟貿易區
	一二・三一	簽署朝鮮半島非核化共同宣言
一九九二		金日成回憶錄『與世紀同行』開始連載
	八・二四	中國與南韓建交
一九九三	二	金泳三就任南韓總統
	三・八	金正日最高司令官，發布準戰時體制宣言
	三・一二	北韓宣布退出NPT
一九九四	六・一六	金日成與卡特會談
	七・八	金日成去世

	一〇・二一	美朝架構協議
一九九五	一・一	金正日開始進行部隊訪問
	七~八月	大水災
	一二・一五	簽署成立「朝鮮半島能源開發組織」（KEDO）協定
一九九六	二・七	三大報共同社論，呼籲全民發揮「苦難行軍」的精神
	七・二四~二八	大水災
一九九七	二・一二	黃長燁叛逃
	一〇・八	金正日被推舉為朝鮮勞動黨總書記
一九九八	九・五	金正日被選為國防委員會委員長
一九九九	一・一	三大報共同社論，訴求「建設強盛大國」
	六・一六	三大報共同社論「我黨的先軍政治必勝不敗」
二〇〇〇	二・九	俄朝友好善鄰合作條約
	六・一三	金正日與南韓總統金大中進行南北首腦會談
	一〇・二三	金正日與美國國務卿歐布萊特進行會談
二〇〇一	九・一一	美國發生九一一事件
二〇〇二	九・一七	金正日與日本首相小泉純一郎會談，發表日朝平壤宣言
二〇〇三	一・一〇	宣布退出NPT
	八・二七	第一次六方會談，於北京召開
二〇〇四	五・二二	日本首相小泉訪問北韓，綁架被害者家族五人回日本

二〇〇五	九・一九	六方會談共同聲明
二〇〇六	七・五	發射大浦洞二號飛彈
	一〇・九	地下核試爆
二〇〇七	一〇・二	金正日與南韓總統盧武鉉進行首腦會談
二〇〇八	八月	金正日腦中風
	一〇・一一	美國將北韓從恐怖攻擊支援國家名單中除名
二〇〇九	四・五	宣布發射人造衛星
	五・二五	第二次核試爆
	八・四	柯林頓與金正日會談
	一一・三〇	實施貨幣交換及幣制改革
二〇一〇	三・二六	天安艦沈沒事件
	九・二八	朝鮮勞動黨第三次代表會議，政治局推選、金正恩亮相
	一一・二三	延坪島砲擊事件
二〇一一	一二・一七	金正日去世
	一二・三〇	黨政治局推舉金正恩為朝鮮人民軍最高司令官
二〇一二	二・二九	與美國達成協議
	四・一一	朝鮮勞動黨第四次代表會議，金正恩被推舉為朝鮮勞動黨第一書記，金正日被擁戴為永遠的總書記

	四・一三	最高人民會議，金正恩被推選為國防委員會第一委員長，發射人造衛星（光明星第三號）失敗
	一二・一二	成功發射人造衛星
二〇一三	二・一二	第三次核試爆
	三・七	聯合國安理會通過決議譴責北韓核試驗並實施制裁
	一二・一二	張成澤被判處死刑
	一二・三一	馬息嶺滑雪場完工

聯經文庫

北韓：從游擊革命的金日成到迷霧籠罩的金正恩

2015年6月初版　　定價：新臺幣350元

著者　和田春樹
譯者　許乃云
發行人　林載爵

出版者　聯經出版事業股份有限公司
地址　台北市基隆路一段180號4樓
編輯部地址　台北市基隆路一段180號4樓
叢書主編電話　(02)87876242轉211
台北聯經書房：台北市新生南路三段94號
電話：(02)23620308
台中分公司：台中市北區崇德路一段198號
暨門市電話：(04)22312023
台中電子信箱　e-mail：linking2@ms42.hinet.net
郵政劃撥帳戶第0100559-3號
郵撥電話：(02)23620308
印刷者　文聯彩色製版印刷有限公司
總經銷　聯合發行股份有限公司
發行所：新北市新店區寶橋路235巷6弄6號2樓
電話：(02)29178022

叢書主編　梅心怡
校對　呂佳真
封面設計　陳威伸

行政院新聞局出版事業登記證局版臺業字第0130號

本書如有缺頁，破損，倒裝請寄回台北聯經書房更換。　ISBN 978-957-08-4567-9 (平裝)
聯經網址：www.linkingbooks.com.tw
電子信箱：linking@udngroup.com

國家圖書館出版品預行編目資料

北韓：從游擊革命的金日成到迷霧籠罩的金正恩/
和田春樹著．許乃云譯．初版．臺北市．聯經．2015年6月
（民104年）．304面．14.8×21公分（聯經文庫）
ISBN 978-957-08-4567-9（平裝）

1.歷史　2.北韓

732.28　　104007816